KB043788

시민 쿠데타

LE COUP D'ÉTAT CITOYEN

시민 쿠데타

우리가 뽑은 대표는 왜 늘 우리를 배신하는가?

엘리사 레위스, 로맹 슬리틴 지음
임상훈 옮김

arte

　"지난 5개월간 대한민국을 움직여 온 유일한 힘은 촛불 든 시민들이었다. 더 이상 자신의 목소리를 의탁할 곳을 찾지 못한 사람들이 거리에 나서 촛불을 들고 직접 세상을 움직였다. 다행인지 불행인지 그건 우리만의 사정이 아니다. 세상 곳곳에서 '그들은 더 이상 우리의 뜻을 대변하지 않는다'고 믿게 된 사람들이, 새로운 게임의 룰을 찾아 나섰다. 촛불과 의회 민주주의 사이, 어떤 사잇길들이 우리를 진정한 민주주의로 다가가게 할 것인가? 그 길을 모색하는 지구촌 이웃들의 알토란 같은 지혜들을 담은, 촛불 혁명 완수의 사명을 지닌 우리 모두가 함께 읽어야 할 책."

— 목수정 작가

"민주주의가 위험에 처했다. 이는 우리나라뿐 아니라 세계적인 현상이다. 다행히 세계 각지에서 위기에 빠진 민주주의를 구하기 위한 실험이 일어나고 있다. 우리는 이미 지난겨울 광장에서 우리의 민주주의를 새로 써내려 간 바 있다. 더 나은 민주주의는 가능하다. 동시에 그 길은 끝이 없다. 우리는 끊임없이 상상하고 연대하고 실천해야 한다. 민주주의라는 끝없는 길을 떠난 이들의 목소리가 이 책에 담겼다. 그 목소리들이 새로운 민주주의를 원하는 시민들에게 풍부한 영감을 제공해 줄 거라 믿는다."

— 박원순 서울시장

민주 혁신의 세계 일주를 떠나며

2014년 5월 25일 유럽의회 선거 당시, 절반이 넘는 프랑스 인이 투표장에 가지 않았다. 그리고 프랑스 역사상 처음으로 전국 단위 선거에서 극우 정당인 국민전선이 제1당을 차지했다.* 투표 당일 저녁 텔레비전 토론 프로그램에서는 정치권의 뜨거운 반응이 이어졌다. 마치 입이라도 맞춘 듯, 정치 지도자들은 하나같이 '국민의 메시지를 들었다'든가, '이제는 정치가 바뀌어야 한다'든가 따위의 말들을 늘어놨다. 하지만 이런 멋진 말들을 쏟아 낸 지 몇 분도 안 돼, '늘 그렇듯' 그들은 원래 하던 대로 돌아갔다. 여야는 서로 상대방의 실패를 비난하면서 국민의 분노에 대한 책임을 서로에게 떠넘기기 급급했다.

시민들은 이런 정치 쇼에 염증을 느끼며 새로운 무언가를 갈망하고 있다. 반대로 시민이 뽑은 정치인들은 그들의 열망과는 완

---

* 지방선거에서는 이미 지난 2014년, 11개 도시에서 극우의 깃발이 펄럭인 바 있다.

벽하리만큼 거리를 유지하면서 말하고 행동한다. 이러한 상황에서 프랑스와 그 밖의 서구 민주국가들이 보여 준 모습은 잘 알려진 대로다. 정치권 전반에 대한 실망감, 무관심, 그리고 포퓰리즘적 투표 양상……. 물론 모든 문제를 해결해 줄 수 있을 듯한 새로운 이념이 나타나 답을 주는 것도 아니다. 더구나 국가에 이로운 것이 무엇인지 다 아는 것마냥 정치 지도자들이 내뱉는 연설은 말할 것도 없다. 이미 한 사람의 지도자가 이끄는 정치가 가져온 결과는 역사가 잘 보여 주고 있다. 그것은 환상일 뿐이다. 민주주의는 흔들리고 있고, 그나마 좀 낫다 싶은 처방들마저도 여전히 못 미더운 상태이다. 그래도 길을 찾아야만 한다.

사방이 막혀 있고 세상의 변화에 무감각해 보이는 현 체제의 한가운데에서 혁신은 여전히 가능할까? 이 숨 막히고 전망 없는 정치적 삶 앞에서 시민을 민주주의의 중심에 서게 할 수 있는 믿을 만한 대안이 과연 있을까? 바로 이 질문에 답하기 위해서 이 책이 만들어졌다.

글을 쓰기 위해 우리는 민주 혁신의 '세계 일주 여행'을 했다. 프랑스, 아르헨티나, 튀니지, 아이슬란드, 브라질, 스페인 등지에서 수많은 새로운 경험에 빠져들었다. 2년 동안 우리는 전 세계에 걸쳐 일반 시민, 시민 활동가, 연구원, 해커, 지역 의원, 국회의원 등 80명에 가까운 선구자들을 만났다. 이들은 21세기 민주주의를 위해 새로운 실험을 실천하고 있었다.

이러한 정치적 실험들과 실제 그들이 보여 준 효과들을 이 책을 통해 전해 주려 한다. 각 장은 기존의 민주주의 프로그램을 바꾸기 위한 생각의 방향틀을 열고, 각자가 영감을 받고 이용할 수 있는 구체적 방안들을 제안할 것이다. 이 책은, 우리 모두가 참여해야 할 진정한 시민 쿠데타를 위한 책이다.

THE SYSTEM
IS BROKE!
AND SO ARE WE!

OCCUPY TORONTO!

| 차례 |

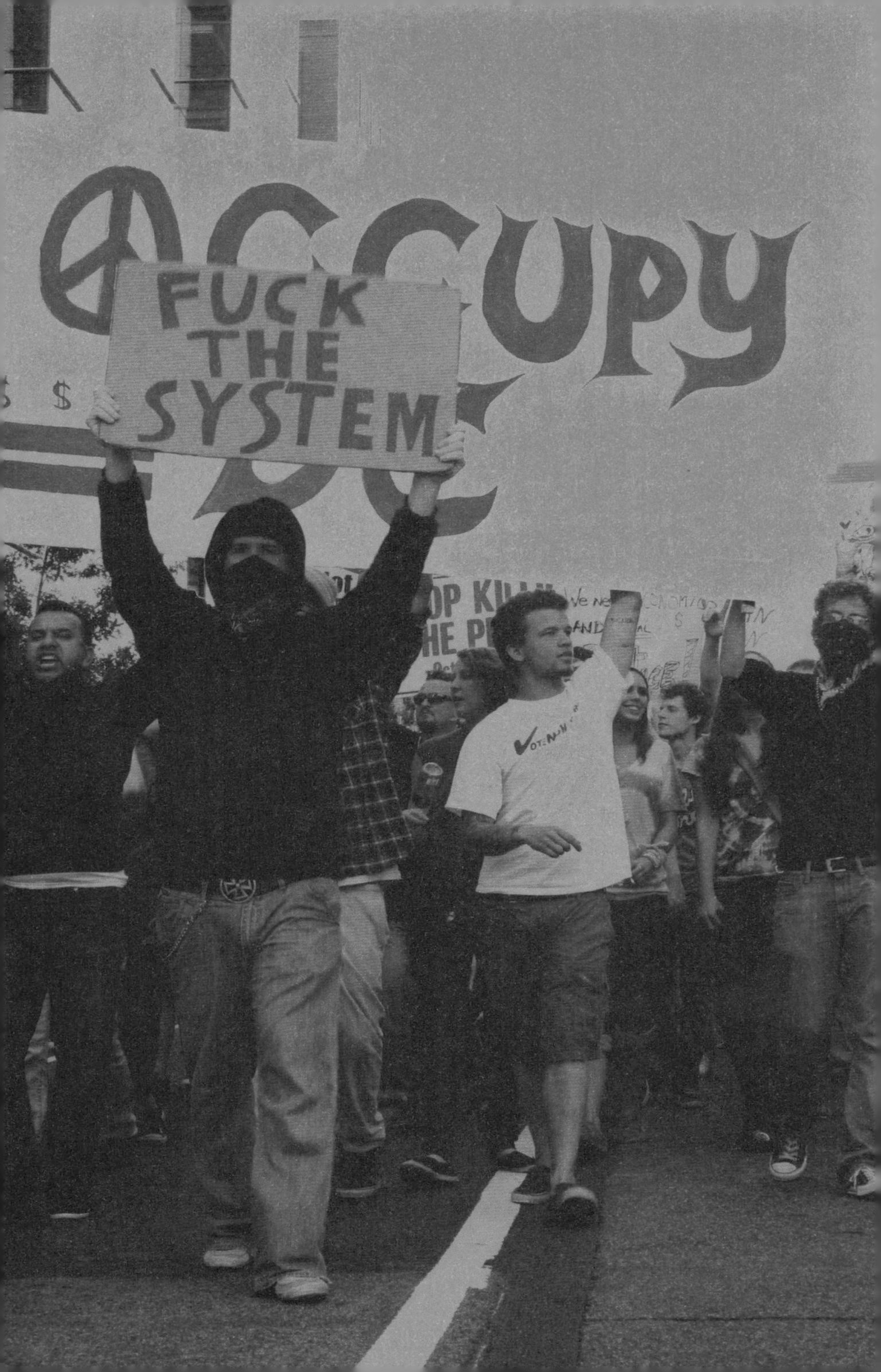
FUCK THE SYSTEM

우리는
민주주의 안에
살고 있을까?

만약 신들의 마을에 정치가 있다면 그것은 민주주의일 것이다.
하지만 그 정도로 완벽한 정부란 인간에게는 맞지 않는다.

— 장자크 루소, 『사회계약설』 2권 6장

우리는 민주주의 안에서 살고 있는가? 그 대답은 이 뜬금없는 질문만큼이나 분명해 보인다. 우리는 규칙적으로 선거를 통해 대리인을 뽑고, 시민으로서 자유를 누리며, 언론의 자유도 보장받는다.* 정부는 집행을 하고, 의회는 법률을 정한다. 서구 민주주의 모델은 완벽해 보인다.** 투표소, 투표용지, 투표함이 있고, 정당과 선거운동, 정파 간 제휴, 선거 명부, 선거사무소, 밀봉된 투표함도 있다.[01] 모든 것은 최선의 사회를 위해 최적의 환경을 갖춘 것으로 보인다. 하지만 최근 몇 년 사이 정치적 반동이라는 물결이 탄탄하고 영원할(?) 것만 같던 서구 민주주의 위로 몰아치고 있다.

* 물론 주요 미디어는 점점 재정 권력의 통제를 받고 있다.(4장 참조)
** 그래서 미국의 철학자 프랜시스 후쿠야마는 1992년 자유민주주의의 우월성을 주장하는 '역사의 종말'을 선언하기까지 했다. 프랜시스 후쿠야마, 『역사의 종말』, 이상훈 옮김, 한마음사, 1992.

비틀대는 정치와
한 시대의 종말

지금 서구 민주주의는 혼돈 속으로 빠져들어 가고 있는 것이 틀림없다. 쌓여 온 불만에서 오는 반응일까? 아니면 더 심각한 위기의 징후일까?

/ "그들은 우리를 대변하지 않는다"

2011년 5월 15일 스페인 지방선거가 열리기 하루 전날, 어나니머스Anonymous, 베 데 비비엔다V de Vivienda, 이포테카도스Hipotecados, 후벤툿 신 푸투로Juventud sin futuro 등 작은 행동 단체들이 유튜브[02]를 통해 호소하자 수천 명의 시민들이 이에 응답했다. 마드리드의 푸에르타 델 솔 광장에 모인 시위자들은 유동적 재정, 월세를 감당하지 못한 수백만 가정들에 내려진 강제추방, 50퍼센트 이상의 젊은이들을 실업으로 내몬 구조적 위기 등을 비난하고 나섰다. 인터넷과 소셜 네트워크 서비스를 타고 '15-M (5월 15일)'과 같은 역사적 총동원이 스페인과 전 세계를 향해 퍼져 나갔다. "분노하라!" 나치에 의해 강제수용을 당했던 레지스탕스 출신 스테판 에셀Stéphane Hessel이 2010년 발표했던 소책

자[03]에서 영감을 얻은 외침이 큰 반향을 일으켰다. 세계 곳곳 도시의 광장에 청년들, 실업자들, 임금노동자들, 퇴직자들 등 다양한 사람들이 모였다. 이들 '인디그나도스(Indignados, 분노하는 사람들)'는 성운星雲과도 같은 거대한 무리를 이루었다.

스페인 인들이 그려 놓은 항적 위로, 2011년 봄에는 한 무리의 아가낙티스메니(Aganaktismeni, 그리스어로 '분노')들이 2년 이상 이어진 심각한 경기 후퇴와 1년여 동안의 혹독한 재정 긴축 이후, 정치권의 부패를 참지 못해 아테네 신타그마 광장에 모였다. 2011년 9월 17일 미국에서는 오큐파이 운동Occupy movement이 그 시작을 알렸다. 2천 명 가까운 사람들이 세계 금융의 절대 권력인 뉴욕 증권가에서 두 발짝 떨어진 맨해튼 주코티Zuccotti 공원을 점령했다. 이때부터 이 광장은 '자유 광장'으로 불리게 된다. 시위자들은 스스로를, 전 세계 1퍼센트가 모든 것을 가지는 동안 아무것도 못 가진 99퍼센트라고 내세운다. 그들은 유동적 재정, 불평등, 공적 자금을 통한 은행 구제, 미국의 금권정치 등을 비난했다. 15-M 운동이 시작되고 다섯 달이 지난 2011년 10월 15일에는 런던, 텔아비브, 몬트리올, 도쿄, 타이완, 그리고 요하네스버그 등지에서 '분노하는 자'들의 전 지구적 집회가 열렸다. 이것은 전 세계로 번져 가는 수많은 봉기의 시작일 뿐이었다.

2014년 9월과 10월, 홍콩의 노동자, 지식인, 학생 들은 '우산 혁명'(최루탄으로부터 보호하기 위해 시위자들이 우산을 쓰면서 붙은 이름)

을 이어 갔다. 중국 정부가 2017년 행정 수반 선거 입후보자 자격을 제한하려는 계획에 항거하는 시위였다. 2016년 3월 말, 이번에는 수천 명의 프랑스 인들이 파리 레퓌블릭 광장을 포함하여 수많은 도시 공공장소를 점령했다. 그들의 슬로건은 '#봉기의 밤(#NuitDebout)'이었다. 유래 없던 이 운동은, 2015년 겨울부터 시작된 '국적시효법안'(논란을 일으킨 끝에 결국 2016년 3월에 폐기), 대선 후보들의 '발언시간평등원칙수정개정안', '노동법개선법안' 등을 위해 개헌을 시도하려던 정치권에 시민들이 분노하면서 시작되었다.

이런 새로운 형태의 시민 저항은 우리 시대 민주주의의 기능, 특히 대의 민주주의 체제가 근본에서 위기에 빠졌음을 간접적으로 보여 준다. 흔히 듣는 '그들은 더 이상 우리를 대변하지 않는다'는 슬로건은 이렇게 확산되는 시민의 분노를 적나라하게 말해 준다. 다비드 판 레이브룩David van Reybrouck *은 시위자들 절대다수의 판단은 명확하며, "민주주의에 대한 그들의 피로감은 현재의 대의 민주주의 구조와 그 지긋지긋한 관습들에서 연유한다"고 진단한다.[04] 그들은 정치의 직업화, 비선출 전문가들(유럽 평의회, 유럽 중앙은행, 국제 금융 기구로 구성되는 그 유명한 트로이카의 관료들)의 손에 모든 결정이 맡겨지는 유럽의 관료화, 그리고 금융 권력에 종속된

* 벨기에의 고고학자이자 작가. 옮긴이

정치권의 직무 유기를 규탄한다. 언론인 에르베 켐프Hervé Kempf의 말처럼 소수의 사람들에게 경제와 정치권력이 집중되어 있고 그들이 모든 방향을 결정하는 과두 체제에 와 있다고 많은 사람들이 생각한다.[05] 이 모든 것들 때문에 결국 권력은 부당한 것이라고 모두가 느끼는 것이다. 이렇게 해서 많은 시민들이, 자신들의 입맛대로 생각하고 말하고 결정하는 제도권의 대변인들에 맞선 투쟁의 전야제를 준비하는 것이다.

마드리드에서 뉴욕을 거쳐 파리까지, 투쟁의 참가자들은 현 정치체제의 위임 장치와 그 가치와 활용에 대해 재고하기를 열망하고 있다. 그들은 전통적 민주주의의 대체재로서 수평적이고 평등한 민주주의의 새로운 형식을 실험하고 있다. 광장에 선 '봉기의 밤' 참가자들, '분노하는 자'들 또는 '오큐파이어Occupier'들은 모두 전례 없는 민주적 실험이 이루어질 새로운 형태의 '아고라'를 재생산하려 한다. 그 안에서 보통 시민들이 평화롭게 토론하고, 조직하고, 복잡한 주제들에 관심을 가질 수 있다는 것을 보여 준다. 매번 주제별 위원회를 열고 그 안에서 새로운 통화제도, 대체 에너지, 교육 또는 개헌 등 현재 벌어지고 있는 문제나 앞으로 나올 문제들을 위해 자신들의 경험을 내세우고 토론한다. 야외에서, 때때로 수천 명까지 모이는 공동회가 열릴 때면 토론의 질이 중요하다. 누구나 의사 표현을 할 수 있고, 모든 관점의 가치가 인정받는다. 말에 실리는 권위는 사람들의 사회적 지위와 관계가 없다. 예의 있는 토론과 경청을 위해, 한 사람이 말하는 동안 다른 사람들이 끼어드는 것은 금지된다. 참가자들은 동의 또는 반대 의사를 조용한 몸짓으로 표현한다. 이러한 만민공동회에는 회장이 없고, 공식 대변인도 없다. '오큐파이 운동', '봉기의 밤' 또는 '분노하는 자'들의 활동가들은 구세주 신화를 거부하고, 미디어에서 그들의 운동이 특정 인물들로 대표되는 것을 경계한다.

그런데 몇몇 관찰자들은, 여기서 늘 명확한 요구 사항이 모아지지 않을 뿐 아니라, 일부에서 바라는 대로 이 운동이 정당 체제로 발전하지 못할 것이라는 한계를 지적한다. 하지만 사실 그들은 그 이상의 것을 실현했다. 그들은 정치를 생각하는 방식을 바꿨고, 모든 가능한 것이 허용되는 실험의 장을 탄생시켰다. 길고 길었던 시민사회의 무기력을 넘어, 이제는 보통 사람들이 새로운 에너지로 활기를 띠고, '실질적인 민주주의'의 조건을 상상하기 위해 구체적 행동을 시작한다. 스페인 '분노하는 자'들 가운데 주요 인물이자 현 마드리드 시의원인(5장 참조) 파블로 소토*는 이렇게 증언한다. "각자 낡은 배 밑바닥에 난 구멍을 메우려 해 봐야 지칠 뿐,

---

* Pablo Soto, 독학으로 공부한 이 컴퓨터 프로그래머는 2011년 22세에 인터넷을 통해 개인 간 음악을 공유하는 프로그램인 블럽스터Blubster를 개발했다. 이 어플은 전 세계 사용자들을 열광시켰다. 그러나 워너, 유니버설, EMI, 소니는 법정 소송을 위해 연합했고, 그를 상대로 1,300만 유로의 소송을 제기했다. 이 법정 다툼에서 파블로 소토는 승리했고, 단숨에 정치적 스타로 등극했다. 하지만 이후 이 기업들은 로비 활동을 통해 스페인의 관련 법을 개정하도록 해, 인터넷을 통한 음악 공유 활동은 결국 스페인에서 금지된다. 훗날 소토는 "진정한 민주주의 체제가 아닌 곳에서 시민이라는 꽃을 피운다는 것은 불가능하다"고 토로했다.

끝이 보이지 않는다는 것을 이해하게 됐습니다. 인터넷 자유, 평등, 환경보호, 빈곤 퇴치 등 모든 다양한 투쟁은 결국 근본적인 전투의 승패로 모아지며, 앞선 모든 것들은 이 전투의 승패에 달려 있다고 생각하게 된 것이죠. 그것은 바로 민주주의를 위한 전투였습니다. 결국 더 강하고 새로운 배를 만들어야 합니다."[06]

/ 민주주의라는 신화

근본적으로 말해, 봉기의 밤, 분노하는 자 또는 오큐파이 운동은 지금의 시대 상황을 잘 보여 준다. 우리가 살고 있는 이 시대에 민주주의의 명확성은 종말에 이르렀다. 사실, 200년이 넘는 시간 동안 우리는 선거에 의한 대의 체제를 민주주의의 최종 형태로 보는 신화 속에 살고 있었다. 하지만 정치학자 베르나르 마넹Bernard Manin은 "현대의 민주주의 체제들은 그 초기 설계자들이 민주주의에 반대해서 만든 정부 형태에서 온 것"이라고 강조한다.[07] 18세기 대의적 정부 구성의 창시자들은 프랑스와 미국에서 일어난 혁명의 여세를 이어받았다. 이들은 인민에 의한, 인민을 위한 민주주의를 혼란과 폭력, 그리고 빈민들의 지배와 연결시켰다.[08] 가장 중요한 프랑스 혁명가 중 한 명인 앙투안 바르나브Antoine Barnave는 민주주의를 가장 혐오스럽고, 가장 파괴적이고, 정작 인민 자신들을 위해서도 가장 해악이 가득한 정치체제라고 여겼다.[09] 따라서 오늘날 우리가 유산으로 이어받은 선거 대의 체제의 창조자들은, 구체제의 군주정과 혼란의 민주주의 사이에서 최선의 대안으로 선출 귀족주의aristocratie élective를 선호했던 것이다.

미국 민주주의의 아버지이자 제4대 미국 대통령인 제임스 메디슨에 따르면, 민주주의는 제한된 소수 인원만 공적인 일에 관여할 수 있었던 고대 소도시들에서나 가능했다. 1789년 프랑스 삼부회의의 제3신분 대표였던 시예스Sieyès 신부는, 근대 시장 중심 사회의 출현으로 국민들은 영원히 정치에 관심을 가질 수 없게 되었다고 지적했다. 저마다 대부분 시간을 생산과 상업 활동에 종사하기 때문이다. 결국 공공 정책은 그것만을 위해 선택된, 필요한 시간을 공공 정책 결정에 투자할 수 있는 일부 개인들에게 위임될 수밖에 없었다. 시예스 신부는 노동의 분업을 정치 분야에도 적용시킬 것을 제안했다.

이러한 현실적 문제를 떠나, 시민 주권을 일부 선택된 대표자들에게 위임한다는 결정은 사실 근본적으로 정치적인 문제였다. 시민계급이 자신을 직접 통치할 만큼 계몽되지 않았을 수 있다는 것이다. 메디슨에 따르면 시민 정신은 중간자의 손을 거쳐, 즉 대표자를 선출함으로써 비로소 순화될 수 있다는 것인데, 말하자면 국정을 계몽된 엘리트들에게 맡기는 것이 낫다는 것이다.

당시 혁명가 대부분이 지주, 법조인, 사업가이면서 이미 프랑스나 영국 왕정에서 고위직에 몸담고 있었다는 사실을 생각해 보면,

그들은 결국 권력을 소수 엘리트 집단으로 가져오기 위해 시민의 이름으로 선거제도를 도입하려 했다고 할 수 있다. 사실상 18세기 말 '민주 혁명'은 '세속 귀족 계급제'를 '선출 귀족 계급제'로 바꾼 것이었다. 몽테스키외에 따르면, "공화정 체제에서 시민이 모두 주권을 가지고 있으면 민주주의이지만, 시민 일부분이 주권을 가지고 있으면 그것은 귀족주의라고 부른다."[10] 이렇듯 대의정치의 주동자들은 시민에 의한 시민의 정부를 구성하는 데는 관심이 없었다. 이들은 시민을 대신해 권력을 행사하는 게 더 낫다고 판단되는 엘리트로 구성된 체제를 만드는 데에 관심이 있었다.

그럼에도 선거 대의정치가 결국 유일하게 유효한 민주주의로 인정받게 됐으니 얼마나 역설적인가! 피에르 로장발롱*은 "다수의 표심이 권력의 정당성을 보장한다는 사실이 보편적으로 민주주의의 본질에 가장 적합한 절차로 받아들여졌다"고 상기시킨다.[11] 이렇게 해서 우리는 마치 선거가 민주주의의 훌륭한 기능을 위한 필요충분조건인 양 숭배하게 된다. 하지만 선거 원칙을 향한 이 애절한 구애는 다비드 판 레이브룩이 지적하듯이, 민주주의 체제의 정당성을 위해 그것을 도입한 지 2세기밖에 되지 않았다는 점을 생각하면 이상해 보인다.** 정치 생활 전체를 이러한 기초에

---

* Pierre Rosanvallon, 민주주의 역사와 프랑스 정치 모델 등에 관한 연구를 주로 하는 프랑스의 사회학자. 옮긴이
** 다비드 판 레이브룩은 "1948년 「인권선언」의 저자들에게는 방법 그 자체가 근본적 권리가 됐고, 그 절차는 불가침의 영역인 듯 여겨졌다"는 점을 주목했다.

근거해서 구성하는 민주주의는 철저히 자유주의적 근대의 산물이다.(예를 들어, 고대 그리스에서 공공 책임자의 90퍼센트는 추첨으로 정했고, 국방, 재정 등 특정 지식이 필요한 자리만 선출직 공무원의 손에 맡겼다.) 그럼에도 사회에서나 산업에서 또 문화에서 특별한 맥락을 가진 시기였던 18세기 말에 제도화된 이 선거제도를 그 이후 단 한 번도 문제 삼지 않은 것이 그저 신기할 따름이다.

/ 끝없는 위기와 커지는 환상

200년이 넘는 시간 동안 유일한 정치제도로 인식되어 온 이 체제가 오늘날에 와서 전례 없는 위기에 부닥쳤다. 우선 효율성의 위기다. 시민들의 기대에 부응하기 위해 행동으로 옮겨야 할 정부 역할이 줄어들고 있는 듯하다. 정치 지도자들은 시장, 은행, 신용 평가 기관, 다국적기업 등 신흥 권력 앞에서 힘을 잃어 가고 있다. 이미 프랑수아 올랑드 대통령의 임기 초반부터 충분히 짐작됐던 것처럼, '실업률 곡선'이 반전을 이룰 수 없다는 사실이 상징적으로 이를 증명한다. 시민들과 마찬가지로 정치인들도 환경 위기, 심화되어 가는 불평등, 경제의 세계화 등, 이 시대의 중대한 변화 앞에서 아연실색하고 무기력해졌다. '벌거벗은 임금님'을 감추기 위해 정치인들은 그다지 많은 사람들이 수긍하지도 않는 정치적 주술과 대립 속으로 매몰되었다. 이 모든 것들은 각 정당 지도자들의 미디어 정치 투쟁 공간이 되어 버린 선거 리듬에 맞춰 이뤄지고 있다.

게다가 이 체제는 심각하게 정당성이 결여되었음을 보이고 있다. 매번 정기적으로 유권자 앞에 나서는 정치인들은 대중의 지지를 필요로 한다. 하지만 그 메커니즘은 이미 고장이 났다. 선거를 하면 할수록 출마자들을 향한 지지표는 줄어들고 있다. 갈수록 낮아지는 선거 참여율이 이를 증명한다. 프랑스의 경우 2015년 겨울 지방선거 1차 투표에서 투표권 등록이 안 되어 있는 유권자를 빼고도 전체 절반에 가까운 유권자들이 투표소에 나오지 않았다. 그건 그렇다 쳐도, 정치권은 이미 '격리된 엘리트들'[12] 현상에 봉착해 있다. 정치학자 이브 생토메르Yves Sintomer에 따르면, 정치인들은 점점 "그들의 습관, 삶의 방식, 그들만의 고유한 사회 경험에 둘러싸여 관심사와 세계를 보는 관점이 일반 시민들에 비해 독특해졌다."[13]

이러한 불합리 때문에, 당연한 결과지만 20, 30대가 차지하는 비중이 전체 유권자의 12.4퍼센트임에도 국회에서 30세 미만 국회의원은 0.35퍼센트밖에 되지 않는다. 그중에 여성은 겨우 26.5퍼센트이다. 무엇보다 노동자와 직장인이 전체 인구의 50.2퍼센트를 차지하는데, 국회에서는 2.6퍼센트밖에 되지 않는다. 피에르 로장발롱은 그의 저서 『보이지 않는 자들의 국회Parlement des invisibles』에서 프랑스 〈국립통계경제연구소(INSEE)〉의 조사를 언급하며 많은 프랑스 인들이 입법, 행정 등 제도권에서 소외되고 미디어로부터 멀어지고, 결국 폐쇄적인 엘리트 집단에 의해 배제당한다고 느낀다는 점을 강조했다.[14] 정치 엘리트들과 민중들 사이의 이 괴리는 최근 몇 년 사이 수차례 반복되어 왔다. 예를 들어, 2005년에는 프랑스 사람들 55퍼센트가 '유럽 헌법'이라 불리는 조약의 신임을 묻는 국민투표에서 '반대'에 표를 던졌다. 반대로, 2007년 상하원 전체 회의에서는 92퍼센트 의원들이 이 조약의 주요 사항을 재확인한 리스본 조약에 찬성을 표했다. 이 모든 것들이 정치권을 향한 시민들의 거부를 더욱 북돋아 왔다. 〈파리정치대학 정치연구소(Cevipof)〉가 실시한 2016년 1월 여론조사에서 조사 대상 프랑스인들 88퍼센트가 정치인들은 국민이 생각하는 것에 관심을 가지지 않는다고 답했다.[15]

이렇게 불신이 일반화된 상황에서 선동적 포퓰리즘 발언들이 심각한 반향을 불러일으켰다. 유럽에서는 극우 정치가 '외부의 적들'을 표적 삼아 '우리'의 가치, '우리'의 사회적 모델, '우리'의 정치가 썩어 들어가고 있다고 선동하면서 성장하고 있다. 그리스의 황금새벽, 독일의 국가민주당(NPD), 헝가리의 요빅Jobbik 같은 정당들이 빠르게 커 가고 있다. 2016년 4월 오스트리아 대선에서 극우 정당 후보가 1차 선거에서 큰 폭으로 선두를 차지했으며, 결선 투표에서도 아주 적은 표차로 패배한 것을 우리는 보았다. 2017년 프랑스 대선에서도 극우 정당인 국민전선Front national이 결선투표까지 갈 것이라는 예상은 기정사실로 받아들여지고 있다. 극우 정당을 향한 투표는 보통 정치에 대한 혐오의 징후이다. 포퓰리즘 정당의 지도자들은 민중의 목소리로 행세한다. 하지만 그들이 아무리 일반 시민들의 관심사를 대변한다고 자랑해도 실상은 가족 경영, 부패, 불투명한 재정 등 과거의 구습을 가장 잘 답습하고 있다. 사회를 구성하는 모든 소수집단을 존중하지 않는다면 과연 민주주의가 작동할 수 있을까? 어쨌든 시국이 어수선할 때면 극우 포퓰리즘은 민중들 사이에서 긍정적 반향을 얻게 된다.

2016년 초, 프랑스 인 47퍼센트가 "국회와 각종 선거에 신경을 쓰지 않아도 되는 지도자"[16]를 갖는 편이 프랑스를 위해 좋을 것이라고 평가했다. 그런가 하면 59퍼센트는 "정치인 말고 전문가들이 국가를 위한 모든 결정을 하는 것이 좋을 것"[17]이라고 생각했다. 다수의 시민들은 태풍이 몰아칠 때는 조종키를 '전문가'에게 맡겨야 한다고 생각한다. 특히 유로화 문제, 국가 부채 문제 등과 같은 거대한 시련에 직면해서는 시민들까지 포함하는 민주적 심의보다는 결정의 효율성, 신속성을 우선시하기를 바라는 것이다.

전문 관료들은 이미 여러 싸움에서 승리했다. 그동안 끊임없이 선거를 통해 구성된 통치권의 일부분을 떼어 내 중앙은행, 유럽연합 집행위원회의 고위층, 세계은행 등 다른 곳에 나눠 주기를 반복해 왔다. 하지만 이러한 관료주의 흐름은 시민들을 수동성에 묶어 놓고, 그들을 일반 관심사로부터 격리시킬 뿐이다. 정치가 경

영만은 아니라는 사실을 기억해야 한다! 이러한 전문가 정치나 포
퓰리즘 계획을 위한 말들은 환상에 지나지 않으며 상당히 염려스
럽다.

다시 태어난
민주주의

　이러한 환멸과 잘못된 해결 방안 앞에서 한 가지 궁금증이 생긴다. 더 나은 민주주의는 가능한가? 시급하다. 우리 사회의 미래와 경제, 환경, 사회 등 우리의 시련을 해결할 방안은 대부분 경험에 비추어 함께 싸워 나갈 수 있는 능력에 달렸기 때문이다. 최근 수년 동안 셀 수 없이 많은 제안들이 정치권에서 만들어졌다. 많은 보고서들이 새로운 민주주의를 제안하고 있다. 그중에는 2012년 「조스팽 보고서」와 같은, 이를테면 '정계의 혁신과 의무론'에 근거한 제안이 있다.[18] 또 2015년 「바르톨론-위녹 보고서」처럼 7년 단임제, 총선 비례대표제 도입, 국회의원 수 감원, 의원들의 겸직 금지 등을 담은 '민주주의의 개조'를 제시하기도 한다.[19] 또 다른 보고서들은 정치권에 새로운 피를 수혈하기 위해 겸직 금지나 성별 평등 등의 조항을 강제하도록 제안하기도 한다. 정당 투명성을 위해 새로운 조항들을 요구하는 보고서도 있다. 이러한 답변들은 유용하고 분명 필요한 일들이다. 하지만 불행히도 그것들은 여전히 불충분하고 실제 이행으로 이어지는 일도 거의 없었다. 게다가 대부분의 보고서들은 제도권 안에서 나온 것들이다. 에드위 플레넬Edwy Plenel이 그의 책에서 강조하듯이 "민주주의에 관한 질문이

제도권 안에서만 이뤄진다면 빈곤해질 수밖에 없다. 이미 전문가이거나 자격증을 소유한 사람들에게만 질문을 돌리는 것이다."[20]

/ 선거는 잊어라!

이 모든 개혁 논의가 선거 대의 체제 안에서 이뤄지는 한 한계에 부딪힐 수밖에 없다. 관건은 이런 저런 시스템 뜯어 맞추기의 문제가 아니다. 우리는 투표가 정치 생활의 최종 도구이고 시민 활동의 유일한 행위라고 생각하는 구습에서 벗어나야 한다. 1968년 5월 혁명 당시 이미 '선거는 속보이는 계략'이라는 구호가 등장했다. 이 구호로 돌아가지는 못할 망정 우리 시대 민주주의의 구호가 '국민은 투표, 나머지는 정치인'이 되어 버린 것은 아닌지 생각해야 한다.

우리는 끊임없이 스마트폰을 통해 다양한 정보를 접하면서 보고, 읽고, 느끼고, 행동한다. 그리고 소셜 네트워크 서비스에 바로 반응한다. 하지만 한 번 선거를 치르고 나면 다음 선거까지 4~5년 동안 우리는 공적 대화에 참여할 모든 실제적 능력을 박탈당한다. 우리는 수동성에 묶여 있다. 우리는 정기적으로 대표를 뽑지만, 선거가 끝나면 대표들이 내리는 모든 결정에서 완전히 배제된 채로 다음 선거만을 기다린다. 아르헨티나의 사회 운동가 피아 만시니Pia Mancini가 백만 이상의 시청을 기록한 TED 연설에서 이를 잘 요약하고 있다. "우리는 15세기 정보기술을 기반으로 19세기에 만든 제도에 맞춰 살아가는 21세기 시민입니다."[21]

선거인명부에서 이름을 찾으러 선거 사무실에 오게 하는 것보다 더 나은 방법을 찾을 수 없을까? 우리는 민주주의가 비틀거리고 있다고 확신한다. 현재의 민주주의는 형식상 우리가 살고 있는 세상에 근본적으로 맞지 않기 때문이다. 한마디로 우리 사회와 깊은 괴리가 있고 21세기 문화와 기술적 가능성에 견주어 충분하지 않은 '미완'의 체제인 것이다. 이제는 입헌주의자 도미니크 루소Dominique Rousseau가 희망했듯, 시민의 권력이 "두 선거철 사이에 놓인 시간 속에서도 지속적이고 연속적으로 힘을 발휘"[22]할 수 있게 하는 도구와 장치를 상상하는 방향으로 창조성을 자극하고 격려, 고무할 때이다.

/ 신세계의 탐험가들

좋은 소식은 몇 년 전부터 많은 선구자들이 새로운 길을 열고 있다는 것이다. 즉 전 세계에서 수많은 아이디어들, 제안들, 활동들이 새롭게 우리의 민주주의를 바꾸기 위해 구체적 행동의 길을 서서히 내보이기 시작했다. 프랑스에서는 〈열린민주주의Démocritie Ouverte〉[23]가 시민들과 창업 기업들, 학자들, 정치인들을 한자리에 불러 모아 정치 활동을 심도 있게 재건하려 한다.

〈사적민주주의포럼Personal Democracy Forum France〉[24]은 정치와 기술 분야를 움직일 수 있게 하는 사람들을 모았다. 그런가 하면 〈근대직접민주주의를위한포럼Forum pour une démocratie directe moderne〉[25]은 해마다 전 세계에 걸쳐 새로운 형태의 직접민주주의 신봉자들을 불러들인다. 매년 스트라스부르에서 유럽 평의회가 주최하는 〈세계민주주의포럼Forum mondial de la démocratie〉[26]이 열리는데, 3일 동안 전 세계 3,000명이 넘는 활동가, 언론인, 정치인이 모여 토론한다. 그리고 각 국 정부도 이 주제에 관심을 가지기 시작했다. 2011년 이래 〈열린정부를위한파트너쉽Partenariat pour un gouvernement ouvert〉*은 전 세계 65개국이 참가하는 국가 개조를 위한 포럼으로 투명, 참여, 협동, 세 분야에 걸쳐 실행 가능성에 대한 의견을 나눈다.

이러한 새로운 '민주주의 활동들'은 흔히 카우치서핑(couchsurfing, 여행 숙박 공유)·카풀링(carpooling, 자동차 함께 타기) 등과 같은 소비 분야, 코워킹(coworking, 공동 작업 공간)·콜로케이션(colocation, 공동 임대)·참여 주거와 같은 생활 방식 분야, 크라우드 펀딩·지역 화폐와 같은 경제 분야, 위키피디아·무크(MOOC, 온라인 공개 수업) 등과 같은 교육-지식 분야, 직거래 운동·텃밭 나눔 운동과 같은 식생활 분야, 팹랩(Fab lap, 고가 장비 공유 프로젝트)·DIY 같은 생산 분야

---

* 이 기구는 2009년 오바마 전 미국 대통령이 주창해 만들어졌다. 참가국들에게 구속력은 없지만, 여기에서 제출되는 제안은 전 세계 차원에서 민주주의 위기에 대한 문제의식을 반영하고 있다. 프랑스는 2016년 의장국을 맡았다.

등 사회 경제 전 분야에 걸쳐 크게 부상하고 있고, 협력 모델의 역동성에 근거해서 삶을 바꿔 나가고 있다. 이러한 운동은 P2P(peer-to-peer, 사용자 간 직접 연결) 교환에 근거해서 소비자와 생산자 사이의 경계를 허물며 중앙의 권위를 없애고 있다. '협업 사회'는 갑을 관계에 근거하는 전통적 '직업 분할'과 제도권의 수직적 계급화에 의문을 제기하며, 많은 민주적 혁신이 뿌리를 잘 내리도록 밑거름이 되어 준다. 날이 갈수록 진화하는 이런 시도들은 각종 제도권의 출입문을 틀어쥐고 있는 '문고리' 역할, 특히 정치, 각종 조합, 언론계 권력들을 무력화시키고 있다.

그런가 하면 인터넷은 점점 주목할 만한 진화의 도구로 나타나고 있다. 디지털 혁명이 모든 문제를 해결해 줄 것이라고 믿는 것은 에브제니 모로조프Evgeny Morozov의 표현대로 하자면, '마법적 사고'[27]이다. 그럼에도 인터넷은 지금까지 정치 참여를 저해하는 다양한 장애물들을 충분히 잘 제거하고 있다. 또한 새로운 결집의 형태를 발전시키고, 집단 지성의 과정을 가능하게 하고 있다. 〈열린민주주의〉의 창시자 중 한 사람이자 〈시민의 땅Territoires hautement citoyens〉 제창자인 아르멜 르 코즈Armel Le Coz는 다음과 같이 말한다. "네트워크의 시대에는 수평화, 자유로운 재능 기부, 사회정의, 협력, 열린 구조와 같은 가치들이 점차 현대 정치 활동을 차지하며 새로운 사회의 밑그림을 그립니다."[28] 정치 생활에서 시민의 권력을 증가시키거나 정부를 더 투명하고 협동할 수 있도록 하는 새로운 도구인 '시민 테크노'가 번성하고 있다.

과도기라 볼 수 있는 현 단계에서 오픈 소스 혁신가들은 특별한 역할을 하고 있다. 오픈 소스라는 용어는, 원래 정보 분야의 모든 사용자들이 자유롭게 코드에 접근해서 기능을 변경하거나 수정할 수 있게 하고 재생산하고 재배포할 수 있게 하는 방식을 말할 때 쓰는 용어였다. 마찬가지로 실천 안내서나 지시서, 지도 등과 같은 정보 통신 외의 프로젝트에서도 누구나 복제와 변경을 자유롭게 해서 작업 반경을 늘려 나갈 수 있다. 따라서 우리는 지구촌 곳곳에 있는 개발자들과 함께 지구상에서 가장 많이 사용되는 프리 소프트웨어*, 리눅스나 오픈 소스 에콜로지[29]의 엔지니어들 수십 명과 함께하는 산업 기계 구상에 참여할 수 있다. 미국의 신기술 분야 전문 기자인 클레이 셔키Clay Shirky에 따르면, "오픈 소스 프로그래머들은 협업 방식을 높은 단계로 올려놓았다. …… 이 방식은 배포되어 있고, 가격이 저렴하며, 민주주의의 이념과 상통한다. 이제 우리에게 닥친 문제는 프로그래머들이 프로그램을 소유하게 놔둘 것인가, 아니면 그것들을 사회 구성원 모두가 사용하도록 해야 하는가이다."[30]

마지막으로 협동과 디지털 혁명은 그 자체로는 좋은 것도 나쁜 것도 아니다. 그것으로 무엇을 하느냐에 달렸다. 우리의 민주주의

---

* 프리 소프트웨어란 사용자가 복제와 변경을 합법적으로 할 수 있게 해서 사용자의 자유를 존중하도록 하는 프로그램을 말한다.

를 위한 약속은, 기술 도구와 테크놀로지에 있다기보다 새로운 형식의 구성과 사회 활동에서 찾아야 한다. 이러한 새로운 역동성의 상징 중 하나인 아이슬란드 해적당 출신 국회의원이자 시인인 비르기타 욘스도티르Brigitta Jónsdóttir는 "위기는 우리의 깊은 열망을 깨우고, 특별한 에너지를 방출합니다"[31]라고 말했다. 이는 미셸 세르Michel Serre가 2012년 "이것은 위기가 아니라 세계의 변화"[32]라고 예언했던 바와 일맥상통한다. 우리는 분명히 정치제도의 긴 역사 속에서 새로운 시대의 시작점에 와 있다고 할 수 있다. 자, 이제 신세계의 탐험가들을 만나러 떠나 보자.

정당은
희망이 될 수
있을까?

정당들은 늘 이념에 뒤처져 나온다.

— 레옹 부르주아, 『연대 *Solidarité*』, 아르망콜랭, 1986, p. 166

18세기 말 처음 대의 민주주의가 탄생했을 당시 정당이라는 것은 존재하지 않았다. 대의 민주주의 전문가 베르나르 마냉이 강조하듯, 정당은 1850년 이후 "선거제도가 확대되어 가면서 크게 늘어난 유권자들의 투표 성향을 분명히 하려는 목적으로 조직망을 발전시켜 출현"[01]하게 되었으며, 2차 세계대전이 지나서야 정치 활동의 중심으로 자리 잡는다. 노조, 자체적 매체 등과 같은 매개 역할을 하는 구조망 덕분에 "정당들은 정치 집단과 나머지 사회를 중재하고 사회 안에 있는 가치와 이익을 응집시키기 위한 힘 있는 도구들을 조직할 수 있었다."[02] 프랑스 헌법에는 비교적 늦게(1958년) 기술이 됐지만 정당은 자연스럽게 민주주의의 기본 장치가 되었다.

하지만 오늘날 정치 활동의 주요 요소들은 헛돌고 있다. 정당은 대부분 스스로 밀폐되고 사회로부터 격리된 구조로 축소되었다. 단기적 권력 쟁취 논리에만 집중되어 국가의 미래를 위한 성찰과 사상을 배출해 내는 요람으로서 기능은 이미 잃어버렸다. 정당은 지지자들로부터 멀어지고 아주 계급화된 선거전만을 위한 직업적 기계로 변모했다. 그러면서도 정치 활동의 주인으로 여전히 지배하고 있다. 정당은 출마 후보자를 지명하는 독점권을 행사하며 모든 사회의 운명을 책임지는 프로그램을 결정하고 제도권과 시민들 사이의 주요 통로로 여겨진다.

하지만 그 누구도 속지 않는다. 2016년 1월 〈파리정치대학 정치연구소〉에서 실시한 여론조사에 따르면 프랑스 인 열에 아홉은 정당에 신뢰를 갖지 않고 있다![03] 시민들이 정당을 믿지 않고, 투표소로 향하지 않는 것은 그들이 공적 삶에 관심이 없어서가 아니다. 시민들의 열망을 분출할 출구를 찾지 못해서이다. 놀라울 일도 아니다. 현재의 정당 투표는 시민들이 자신이 선택하지도 않은 후보와, 자신이 구성하지도 않은 프로그램을 향해 습관적으로 투표를 하게끔 시민들의 역할을 제한하고 있다. 기존 정당들이 그들 지도자들 표현대로 '사망'* 했다면 새로운 이념과 젊은 피를 정치 안으로 수혈할 수 있는 다른 길이 있을까?

* 2014년 6월 프랑스 사회당의 제1서기 장크리스토프 캉바델리스Jean-Christophe Cambadélis는 스스로 당 조직의 사망 가능성을 언급했다. 마뉘엘 발스Manuel Valls 총리는 이 진단을 모든 좌파 전체로 확장시켰다.

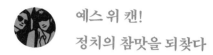
예스 위 캔!
정치의 참맛을 되찾다

우선, 불과 몇 달 만에 스페인 정치판을 뒤흔들며 희망을 보여 준 정치 실험으로 눈을 돌려 보자. '포데모스'라는 새로운 정치 운동은 2014년 1월 17일 파블로 이글레시아스 Pablo Iglesias, 후안 카를로스 모네데로 Juan Carlos Monedero, 이니고 에레혼 Íñigo Errejon 등이 중심이 되어 반자본주의와 시민사회의 대표를 표방하는 젊은 대학 교수들 모임에서 생겨났다.

/ 분노에서 행동으로

포데모스 창시자들은 당 강령에서 밝히고 있듯이, '분노하는 자들' 운동의 '분노를 정치로 환원시키는'[04] 프로젝트에서 근거를 찾는다. 그들의 목표는 '분노하는 자들'의 정신적인 부분과 요구 사항들을, 더 넓게는 민주화의 의지를 실현하기 위해 권력을 장악하려는 것이다. 초창기 활동가 파블로 소토는 말한다. "권력을 차지할 역사적 기회가 있을 때, 논쟁을 통해 무장하고 실험에 의지한다면 우리는 그것을 놓칠 수가 없습니다."[05] 2011년 5월 15일 시위대가 외친 'sí se puede!(Yes we can!)'라는 구호는 따라서 '포데모스(podemos, we can)'로 연결이 된다. 목표는 "현재의 정치 문화를 속절없이 그대로 받아들이고 있는 전체 주민 90퍼센트"를 대변하고, "이 부패한 체제 속에서 개혁만이 인정받을 수 있다는 다수의 요구가 제도권에 수용되도록"[06] 새로운 선거 문화를 만들려는 것이다.

이 운동은 빠르게 성공하여 가장 야심에 차 있던 주동자들의 꿈을 벌써 넘어섰다. 초기 20여 일 동안, 이 젊은 당은 10만 명 이상의 당원을 모으며 단숨에 스페인 제3당으로 올라섰다. 2014년 1월 창당 이후, 포데모스는 선거 때마다 승리를 이어 갔다. 5개월이 갓 지나서 포데모스의 정치는 기적이었다. 2014년 5월 유럽의회 선거에서 120만 표에 해당하는 8퍼센트 지지율로 5석을 확보해, 국내 네 번째 정치 세력을 만들어 냈다. 2015년 3월 안달루시아에서 열린 지방 보궐선거에서 15명의 지방의회 의원 당선을 이끌어 냈다. 포데모스가 특히 한 획을 그었던 것은 2015년 5월 24일 광역 지방선거에서였다. 포데모스가 지지했던 '인민연합Unidad popular'은 여러 지역에서 시장을 당선시켰고, 그중에는 마드리드, 바르셀로나, 사라고사 같은 상징적인 지역도 포함됐다. 그리고 마침내, 2016년 6월 총선에서 좌파연합당과 손잡은 포데모스는 5백만 유권자의 마음을 얻어 21.1퍼센트 득표율로 국회의원 71명을 당선시키면서 제3당의 자리를 차지하게 됐다.＊ 포데모스의 눈부신 성장세는, 40년 이래 예외 없이 좌파인 스페인사회노동당PSOE

과 우파인 국민당PP이 번갈아 가며 집권해 오던 스페인에서 큰 파장을 낳았음은 말할 나위 없다. 겨우 몇 달 만에 정치판을 뒤흔들어 놓은 것이다. 이러한 성공을 어떻게 설명할 수 있을까?

/ '운동'하는 정당, 포데모스

시민운동이 갖는 가장 큰 힘 하나는, 첫 단계부터 아주 다양한 시민들을 동원하고 그들에게 정치 안에서 새로운 희망을 줄 수 있다는 것이다. 포데모스 운동 안에서는 기존 정당들(대개는 좌파)에서 오랜 시간 활동을 해 오다 결국 실망으로 돌아선 활동가들을 만날 수 있다. 또한 노조나 각종 단체와 사회운동에 참여했다가 정당 활동으로 '개종'한 사람들도 있다. 우리가 사라고사에서 만난 열성적 활동가 가운데 한 명인 미구엘 아길레라Miguel Aguilera와 같이 '5월 15일' 이후, 운동에 처음 참여하기 시작한 초심자들도 꽤 많이 있다. "저는 한 번도 정당에 참여해 본 적이 없어요. 하지만 포데모스에서는 전혀 다른 정치 참여 방식이 저로 하여금 사회를 바꾸겠다는 생각을 하게 만들었죠."[07] 포데모스는 이렇게 해서 빠른 시간 안에 스페인을 선거로 바꾸겠다는 욕

---

* 2015년 12월 총선에서 포데모스는 또 한 번 자신들의 지지율 기록을 넘어섰다. 하지만 의원내각제를 채택하고 있는 스페인은 그 선거에서 절대 다수파가 나오지 않아 정부 구성에 실패하게 되고 2016년 6월에 다시 선거를 치렀다. 이 선거에서도 역시 포데모스는 71석을 확보하면서 스페인 제3당의 지위를 확고히 했다.

구의 집합소와 촉매가 되었다. 포데모스는 새로운 참여의 물리적 공간, 온라인 공간을 상상하면서 이러한 엄청난 에너지를 동원하고 관리하고 조직하는 데 성공했다.

정당 조직 첫 달부터 이 운동을 지지하는 시르쿨로스(circulos, 모임)가 우후죽순처럼 지역을 불문하고 자발적으로 생겨났다. 사라고사의 활동가 에스테르 모레노Esther Moreno는 이렇게 설명한다. "그들은 도시 단위로, 지역 단위로 또는 분야별로 (예를 들어 교육, 실업, 수도 공급, 전기 공급) 조직되어 실업자, 지식인, 학부모, 청소년들을 규합합니다."[08] 시르쿨로스는 정당에서 행한 모든 결정들의 기초단위가 됐다. 시민사회와 연결되어 일련의 제안들에 활력을 불어넣는 능력으로, 운동의 '뛰는 심장'으로 여겨졌다.

포데모스가 2014년 가을, 당을 조직하려 할 때 스페인 전 지역에 1천여 개에 이르는 시르쿨로스가 있었다. 초기 단계부터 이 운동의 진화를 같이해 온 사회학자 엘로이스 네스Éloïs Nez는 다음과 같이 말한다. "이 모임의 활동들은 그 당시 '분노하는 자들'의 지역 모임과 상당히 비슷했습니다. 이들 중 상당수가 훗날 포데모스로 합류한 거죠. 모임들은 보통 공공장소에서 열립니다. 모두에게 개방되고 임무를 돌아가며 맡는 총회의 형식으로 진행되죠. 그래서 토론이 활성화되고 대화가 돌며 최종 보고서가 작성됩니다."[09] 하지만 "'분노하는 자들'의 총회와 다른 점은 시르쿨로스는 무엇보다 결론에 이르려 한다는 겁니다. 회의는 더 짧고, 시간은 엄수

됩니다. 발언 시간도 제한되죠. 다양한 주제를 놓고 토론하는 것이 목표가 아니라 선거에서 어떻게 이길 것인가에 집중합니다. …… 따라서 회의는 구체적인 행동과 결정으로 향합니다."[10] 그들의 작업을 지원하기 위해, 몇몇 시르쿨로스는 오큐파이 운동에 관여했던 오스트레일리아 인들이 개발한 애플리케이션, '루미오 Loomio'[11]를 사용한다. 루미오는 사용하기가 편리한 인터페이스를 갖추고 있어 포럼 형식의 토론 공간과 직관적 투표 시스템을 제공한다. 이렇게 해서 한 주제를 놓고 토론하고 각자의 논쟁과 구체적 제안들이 만들어지는 합의 과정을 눈으로 볼 수 있다.

시르쿨로스의 물리적 모임들을 넘어, 포데모스는 참여자 수를 획기적으로 늘리기 위해 디지털을 활용한다. 포데모스를 이끄는 파블로 이글레시아스는 이렇게 말한다. "새로운 정치 주체인 '우리'가 탄생하는 것을 봤다. 대표자들은 더 이상 필요하지 않다. 새로운 커뮤니케이션 기술이 모두의 참여를 쉽게 하고 있다."[12] 포데모스의 인터넷 사이트 '참여의 창'[13]에는 이 운동의 모든 동조자들이 와서 정치, 경제, 사회 등 전 분야에서 구체적인 제안을 할 수 있다.* 40여만 명이 온라인을 통해 당의 일정, 각종 자료 들에 접근할 수 있다. 사회 기획자, 그래픽 디자이너, 정치학자, 그리고 자신의 시간과 에너지를 제공할 준비가 되어 있는 모든 시민들을 모

---

* 참여하기 위해 특별히 가입할 필요는 없고 고유 번호와 함께 계정 하나만 만들면 된다.

으는 운동인 '재능 은행'에 참여할 수도 있고 '임풀사Impulsa' 프로그램에 참여할 수도 있다. 일종의 펀드인데, 포데모스 지지자들이 주도하는 사회 혁신 프로젝트를 지원하고 당의 경제적, 사회적 프로젝트를 실제로 현장에서 구체화하는 것을 목표로 하고 있다. 당소속 많은 의원들이 이 펀드 조성에 동참해서 그들의 급여 상한선을 정하고 그 '초과액'은 프로그램으로 입금시키고 있다. 첫 사업에서 30만 유로가 조성되어 소액 대출 은행 설립 프로젝트가 이루어졌다. 그 밖에 발렌시아 시의 경우 현지에서 나는 산물과 환경을 중시해 운영되는 학교 식당 프로젝트, 카스티야 라만차 지방의 경우 무료 학교 도서 지원 프로젝트 등을 지원했다. 이러한 장치들은 포데모스로 하여금 단순한 집권 그 이상의 것들을 상상하게 한다. 진정한 운동 정당으로서 민주적 삶을 구성하고 사회에 실제적 변화를 가져오려는 것이다.

참여 디지털 도구들의 실험과 배포를 위해 일하고 있는 독립적 조직 〈라보-데모LaboDemo〉는 혁신적인 협업 기술을 정착시키는 데 결정적 역할을 했다. 특히 '포데모스 광장 포럼'[14]이라는 사이트에서 당원들은 토론을 벌이고 제안들을 발표한다. 한편 '앱그리Appgree'[15]라는 애플리케이션도 대규모 여론조사나 조직 내부에서 긴급 투표를 해야 할 경우가 생기면 꾸준히 활용되고 있다. 모바일 메신저 '와츠앱WhatsApp'과 비슷해서 사용이 간단한 이 애플리케이션은, 포데모스 지도자들이 질문이나 제안 들을 당원들에게 쉽게 전달할 수 있게 한다. 이 도구들 덕분에 조직 내부의 대표자들과 평당원들은 상시 접속이 가능하다. 애플리케이션은 당 관계자가 텔레비전 토론 프로그램에 출연할 때 어떤 주제를 다뤄야 할지 결정하는 문제에서부터 타 정당과 협력 또는 연합 시 전략과 규정 등을 정하려 할 때에도 사용된다. 〈라보-데모〉의 창시자 미구엘 아라나 카타니아Miguel Arana Catania는, 이 도구들이 "운동의 일상이 되고, 하루에 5분만 활용해 자신의 관점을 표현하고 참여하기를 원하는 모든 사람들이 사용할 수 있게 되기를"[16] 바란다.

/ 정당과 시민의 콜라보

이러한 당의 온라인과 오프라인 구조는 포데모스가 당원들과 함께 전에 없던 커다란 규모로 지적인 작업을 할 수 있게 한다. 흔히 정당들이 새로운 제안을 밀고 나갈 때 저항이 많이 따른다. 이와 달리 포데모스의 성공은 당원들과 시민들, 그리고 전체 시민사회에 열려 있는 독특한 방법에 근거해서 아이디어를 성공적으로 얻어 낸 데 있다. 사라고사의 운동가 엘레나 히네르 몬헤Elena Giner Monge가 말하듯이, 이 새로운 정당은 시민들의 요구를 수용하고 "그들에게 제도권 안에서 하고 싶은 것을 표현할 기회를 주기"[17] 위해 '촉매' 역할을 하기를 원하고 있다.

여기서도 접근 방식이 아주 독창적이다. '포데모스 광장 포럼'

은 2014년 5월 유럽의회 선거와 2015년 12월 총선 당시 프로그램 개발의 중심 역할을 했다. 이 사이트에서 지지자들은 각자 할 수 있는 역할을 하면서 토론하고, 투표하고, 다른 시민들의 기여에 논평도 한다. 〈라보-데모〉의 활동에 고무된 포데모스는 당원들의 제안 중 가장 반응이 좋은 것들은 당 프로그램이나 당 조직 운영 방식에 포함*하도록 하는 시민 발의 절차[18]를 적용했다. 하지만 프로그램을 만든다는 것은 복잡한 작업이다. 포데모스는 새로운 정치 세력으로서 가지는 매력을 장점 삼아, 현재 가장 영향력 있는 일부 지식인들 눈길을 사로잡고 있다. 이렇게 해서 2015년 9월, 프랑스 경제학자 토마 피케티는 불평등 해소를 목적으로 하는 포데모스 경제 프로그램 구성을 위한 국제전문가위원회에 합류하게 된다.** 프로그램 구성의 다양한 재료들은 때로 축소되기도 한다. 예를 들어, 2014년 유럽의회 선거 당시 프로그램에 들어 있던 많은 제안들이 전문가들 손을 거치면서 땅에 묻혀 버렸다. 미구엘

---

* 더 정확히 말하자면, 포데모스 광장에 등록 가입한 사람들의 0.2퍼센트 지지를 얻은 프로그램은 '참여의 창' 사이트(43쪽 참조)의 첫 창에 올라가게 된다. 여기서 전체 가입자의 3퍼센트 지지를 얻게 되면 메일을 통해 당원 전체에 전달된다. 만약 이 제안이 플랫폼 가입 멤버의 10퍼센트, 또는 시르쿨로스의 20퍼센트 벽을 넘게 되면 제안자를 포함하는 하나의 팀이 구성되어, 그 제안의 내용과 형식, 효과 등을 세밀하게 다듬기 위한 작업에 들어간다. 온라인 상에서 안전하고 신뢰할 수 있는 투표가 이뤄지기 위해 포데모스는 아고라 보팅Agora Voting이라는 인터페이스 기술을 이용한다.
** 포데모스의 경제 프로그램, 그리고 '이자율, 지불유예, 채무 유예, 부분 매입, 부분 감축 조건 등의 재협상'과 같은 스페인의 채무 재정비를 위한 해결책은 2014년 11월, 《파이낸셜 타임즈》의 편집부국장, 볼프강 뮌초Wolfgang Münshau로부터 찬사를 들은 바 있다.

아라나 카타니아가 강조하듯이 포데모스 광장의 플랫폼상에서 수천 명의 지지를 받고 포데모스의 시르쿨로스 수정 예산안을 통해서 지지를 받았음에도 '보편적 최저 수당'*** 은 결국 채택되지 못했다. 몇몇 문제점에도 포데모스는 아이디어 인큐베이터로서, 시민집단 지성의 촉매제로서 가장 성공한 운동의 본보기임에는 틀림없다.

/ 새로운 정치를 코딩하라!

국민들과 '함께' 정치를 하려는 의지와 더불어, 포데모스는 그들의 아이디어들을 성공적으로 공론화하려는 거대한 실험을 진행하고 있다. 파블로 소토는 그렇게 확신한다. "처음으로 사회운동이 제도권의 이념들과 단절하고, 그렇다고 다수파 집권 의지를 포기하지도 않으면서, 대안적 이념들을 만들어 낼 수 있었습니다."[19]

포데모스 지도자들은 20세기 초 이탈리아 사상가 안토니오 그람시의 이론에서 폭넓게 영향을 받고 있다. 그람시에게 있어서 정치 투쟁은 무엇보다 문화 투쟁이고 이념 투쟁이다. 파블로 이글레시아스는 『월 스트리트에 맞선 민주주의*La Démocratie face à Wall*

*** 실업자, 정규직 노동자, 비정규직 노동자 등 모든 시민들이 출생과 동시에 조건 없이, 다른 수당과 중복 수령 가능한 기본 수당을 받는 것이다.

Street』에서 이러한 정치론을 잘 보여 준다. "저들의 정치 용어들을 절대 받아들여서는 안 된다. 오히려 하나하나 그것들을 물리쳐야 하며 그들의 진영으로 끌려들어 가서도 안 된다. …… 우리의 적들이 …… 계급, 추방, 임시직 등의 용어를 사용하기 시작할 때, 그들은 결국 싸움이 우리에게 유리한 진영으로 흘러들어 왔다는 사실을 인정하게 될 것이다."[20] 그에게 정치 행위의 첫 번째 목적은 따라서 혁신적 사상들을 지키기 위해 정치적 담론에 새로운 단어들을 제안하고, 이민, 안보, 정체성 등과 같이 기존 정치 무대의 배우들에게 부과되고 연출되어 온 토론의 쟁점들을 피하는 것이다.

이 단어들을 뛰어넘어, 우리가 속해 있는 세계의 전망을 구상하기 위해 구체적 경험들로부터 출발해야 한다. 피에르 로장발롱에 따르면 정당들은 "구체적 세계로부터 멀어졌다. 그들의 언어는 흔히 공허 속에서 맴돌고 사람들의 실제적 삶과 괴리된 추상적 범주와 표현으로 가득 차 있다."[21] 따라서 이를 납득시키기 위해서 포데모스가 한 첫 번째 작업, 그리고 포데모스가 구현한 정치 자체는 '판을 가는 것'이었다. 그들은 민주주의, 주권, 사회법 등의 문제에 가장 폭넓게 천착해 오면서 진보 진영의 전통적 담론을 '번역'하는 노력을 했다. 이러한 접근으로 정치인들의 '상투적 말'들을 반대해서 시민들의 비판에 답을 내놓을 수 있었다.

이미 잘 알려진 유튜브 동영상에서 파블로 이글레시아스는, 가슴에 훈장 단 고참 좌파 운동가들의 '총파업' 예를 들고 있다. 그들은 "콜 센터에서 일하거나 피자 배달, 또는 상점에서 일하는 젊은 이들"[22] 같은 대부분의 사람들이 노조의 어떠한 보호도 받지 못하고 실직의 위험에 그대로 노출되어 있다는 사실을 잊고 있다. 이글레시아스는 정치적 개념이, 시민들의 구체적 경험에 반향을 불러일으키도록 하는 것이 중요하다고 강조한다. 우리가 만난 포데모스 사람들은 다음과 같은 진로를 공유한다. "다른 사람들을 설득하겠다고 '자본주의'를 말하면 사람들은 바로 우리를 특정 범주에 넣어 버립니다. 하지만 경제 민주주의를 이야기하면 같은 주제를 말하고 있지만 사람들을 더 공감으로 이끌 수 있지요."[23]

정치 담론을 현실에 적응시키려는 이러한 노력 덕분에 포데모스는 전통적 좌파·우파의 축에 놓이지 않으면서, 동시에 포데모스를 단순히 '긴축에 반대하는' 정당으로 가두어 두지 않는다. 포데모스는 '새로움'과 '낡음' 사이의 대립을 선호한다. 파블로 이글레시아스는 한 연설에서 "이제부터는 우리처럼 민주주의를 지키는 사람들과 …… 엘리트, 은행, 시장 쪽에 있는 사람들, 아래에 있는 사람들과 위에 있는 사람들, 그리고 …… 다수와 소수 엘리트 사이에 차이가 드러나고 있습니다"고 말했다. 이 위치 선정은 그로 하여금, 정치 지형에서 '중심'을 차지하게 한다. 뤼도비치 라망 Ludovic Lamant 에 따르면, 아주 강한 '민중 정체성의 틀'을 부과함으로써 포데모스는 '가로지르기'가 가능해진다.[24] 그렇게 해서 오늘날에는 다른 정치 진영의 위치가 포데모스를 기준으로 정해지게 된다.

포데모스 지도자들은 그들의 이념을 알리기 위해 텔레비전을 활용한다. 그들은 2010년 활동가 중심의 자발적 참여 방식으로 인터넷과 마드리드의 한 지역 채널을 통해 정치 토론 프로그램, 투에르카Tuerka를 출범시켰다.[25] 파블로 이글레시아스는 이 방송의 독창적 실험을 이렇게 설명한다. "투에르카는 좌파가 하지 말라고 한 모든 것을 했다고 말할 수 있습니다. 좌파는 텔레비전이 시청자를 바보로 만들고, 비정형 토론에서는 심도 있는 논의를 할 수 없으며, 논점을 정확히 소개할 수도 없다고 말합니다. 발표를 하려면 적어도 반 시간은 해야 하고, 텔레비전 토론 방식은 서커스라고도 하지요. 우리는 반대로 생각합니다."[26]

이 방송은 빠른 속도로 많은 스페인 사람들의 생각에 영향을 미쳤다. 투에르카의 비밀은 다양한 견해와 새로운 패널들, 진지하면서도 형식적이지 않은 어투를 도입해서 전통적 텔레비전 정치 프로그램 방식에 새로운 대안을 제시하는 데 있다.* 한마디로 파블로 이글레시아스에 따르면, "사회 위기, 예산 삭감, 부패, 고용, 국

---

* 투에르카는 포데모스 당의 단순한 미디어 도구가 아니다. "아파치 요새Fort Apache"라는 프로그램은 포데모스에서 제작하지 않았지만 파블로 이글레시아스가 진행하고 이란의 히스판Hispan 텔레비전 방송이 전파한다. 그는 한편으로 이란 정부의 재정 지원을 받았다는 이유로 비난의 대상이 되기도 한다. 최근에는 당의 이름으로 계간지《라 시르쿨라La Circular》의 후신《인스티튜트 25M Institute 25M》을 만들어 문화면과 정치와 철학 토론면을 크게 보강하기도 했다. 2015년 10월에는 당 산하에 라 모라다la Morada라는 이름으로 자신들의 고유 문화센터를 열어 토론회도 열고, 연극도 하고, 코워킹 공간도 제공하고 있다.

민들에게 관계되는 모든 것들 중 기존의 미디어 환경이 자리를 내주지 않는 주제들"27을 말하게 하기 위해 지식인, 정치학자 들에게 공간을 주는 것이다. 이렇게 해서 독립 미디어를 통해 포데모스는 스페인 정치와 지성의 무대에서 그들의 무게를 공고히 하고 있다.

/ 한없이 투명한 정치

포데모스는 정치 무대에 들어서면서 기존의 정치 코드를 뒤바꿔 놓고, 새로운 표준을 제시했다. 후안 카를로스 모네데로는 증언한다. "우리는 정치를 하기로 마음먹었다. 하지만 그들과 다르게, 우리는 규칙을 바꿔 놓았다."28 이 쇄신은 젊은 세대가 이끌어 가고 있다. 포데모스를 구성하는 대부분은 정치에 처음 참여하는 30대들이다. 그들은 자신들 시대의 코드와 도구들을 지배하면서 새로운 비전을 이끌어 내고 있다.

특히 정치 윤리에 있어서 변화가 두드러진다. 많은 다른 나라들과 마찬가지로 스페인 정치 무대에서도 부패가 일반화돼 있다. 현재 2천여 건이 조사 중인데, 최소 500여 명의 고위 공직자들이 관련되어 매년 400억 유로의 비용이 발생하고 있다.29 단순한 '선결 문제 요구'**의 오류를 넘어 포데모스는 '투명성'을 확고한 당의 상징으로 보장하기 위해 강한 발의를 내놓았다. 즉, 포데모스의 인터넷 사이트[30]에 당의 회계 상황을 실시간으로 공개한다. 최대 비용부터 최소 비용, 심지어 지하철 승차권까지 모든 지출과 수입이 장부에 적혀 있다. 포데모스는 '구성 원리'에 그 목표를 분명하게 밝히고 있다. "분명한 회계 상황을 공개할 능력이 있는 국내 최초의 정당으로서 …… 우리는 깨끗하고 책임 있고, 투명한 방식으로 당을 운영할 수 있다는 점을 보여 준다는 역사적 책임감을 가지고 있다."[31] 파블로 소토는 이렇게 말한다. "이러한 약속은 당원과 당 사이에 신뢰를 강화하기 위해 꼭 필요합니다. 국민들조차 아직 적응이 되어 있지 않은 실천입니다."[32] 기존 정당들은 재정 운영이 불투명한 것과 달리 포데모스의 변화는 상당하다. 활동의 투명성을 보장하려는 조직에게 본보기가 된다고 할 수 있다.

한편, 포데모스는 은행 대출로 채워지는 재정을 거부하고 근본적으로 다른 길을 간다. 포데모스의 원조 활동가인 마르코 호벤 Marco Joven은 다음과 같이 설명한다. "은행들은 수많은 가정을 집에서 쫓겨나게 만드는 등 스페인이 겪은 경제 위기의 주범입니다. 변화를 열망하는 우리로서는 그런 은행들의 돈으로 재정을 구성할 수는 없었습니다. 그것은 우리의 독립성과 가치를 일관되게 보장하는 것이 아니죠."[33] 그렇다면 당을 운영하고 선거 운동을 하기

***

** 선결문제요구Petitio Principii란 논리학에서 '증명 과정을 거쳐 결론으로 도출해야 하는 내용을 미리 전제로 내세우는 오류'를 말한다. 포데모스는 당의 투명성을 미리 내세우기 전에 투명성을 위한 조건들을 실행하려 하고 있다. 옮긴이

위한 재정을 어떻게 마련했을까?

포데모스는 독특한 메커니즘을 마련했다. 2014년 있었던 유럽 의회 선거와 지방선거에서 포데모스는 전례가 없던 크라우드 펀딩(참여 재정을 통한 기부)과 마이크로 크레딧(무담보 소액 대출)을 통해 포데모스의 프로젝트를 지원할 사람들을 모았다. 정치적 종속을 불러올 수 있는 재정적 종속을 피하기 위해 기부는 한 사람이 1년에 1만 유로를 넘지 않게 했다. 포데모스는 당원들의 동의 아래 선거 뒤에 지원되는 공공 보조금 등으로 모든 대출을 갚는 데 적극 나섰다.

또한 선출된 소속 정치인들이 당원과 시민 들로부터 '격리'되지 않도록, 이들이 어떤 직무를 수행하든 최대 임금은 국가 최저임금의 세 배, 즉 약 2,000유로를 넘지 못하게 했다. (참고로 유럽의회 의원은 일반 수당과 출장비를 제외하고 약 6,250유로를 받는다. 포데모스 소속 유럽의회 의원들은 차액을 당에 반납한다.) 2015년 5월 지방선거 당시 만난 자리에서 당 지도부의 한 사람인 이니고 에레혼은 이렇게 주장했다. "임금 인하는 본질적인 문제입니다. 남들과 같은 수준의 수입을 얻을 때, 비로소 남들을 위한 법률을 만들기 때문이지요."

포데모스는 이렇게 기존 정치의 단단하고 확고한 장치를 풀어서 '다른 정치'를 할 수 있다는 것을 보여 주고 있다. 포데모스는 정당의 '천장부터 바닥까지' 다시 생각할 수 있는 영감의 원천이다. 물론 포데모스가 비판에서 자유로운 것은 아니다. 포데모스

사무총장을 맡고 있는 파블로 이글레시아스는 당 조직을 관리하는 측근들과 함께 언론의 집중 조명을 받는 '카리스마적 존재'가 되었다. 최근 들어서 주요 결정들이 중앙으로 집중되는 경향을 보인다. 특히 승리가 절실한 선거 전략, 그리고 효과적인 연구 활동 같은 분야에서는 점차 전문화되어 가고 있다. 앞으로 당원들과 지도부는 새로운 '정치 엘리트'가 만들어져, 유권자나 시민 들과 또다시 격리되는 오류를 범하지 않도록 하는 과제를 떠안은 셈이다.

전문가들의
철옹성을 무너뜨리다

스페인이라는 특정 상황을 넘어서 유럽, 특히 프랑스에서 정당 구조를 재건하려는 움직임이 생기고 있다.

/ 시민들이 만든 정당

시민들은 정치의 직업화에 수많은 비난의 화살을 집중하고 있다. 이에 정치의 직업화를 막으려는 새로운 운동이 나타나 기존 정당 안에서는 불가능했던 일을 가능하게 만들고 있다. 몇몇 정치인들의 발의와 시민사회 명망가들이 참여하는 이 신생 정당들은 새로운 접근 방식을 제안한다. 프랑스에서는 2014년에 변호사이자 전 환경부 장관 코린 르파주Corinne Lepage가 〈시민연합Rassemblement citoyen〉을 만들었다. 〈시민연합〉은 정치와 시민사회 간에 균형 잡힌 정치 협업체를 구성하여 '정치인과 시민사회 사이에 새로운 균형 만들기'를 시도하고 있다. 이들은 선출된 정치인들과 정치적 책임이 없는 시민들 사이에 균형을 이뤄 내는 정당 구조를 지향한다. 코린 르파주는 "이 운동이 단지 선거 일정에 따라 진행되는 것을 피하기 위한 방법"[34]이라고 설명한다.

2015년, 작가 알렉상드르 자르댕Alexandre Jardin이 추진한 '블루-블랑-제브르 운동Bleu Blanc Zèbres'[35]은 실업, 주택난, 사회 불평등, 학업 실패 등 사회적 적폐에 맞서 시민들이 참여하여 실용적이고 효과적인 대책들을 제안하기 위해 모든 '행동하는 자들'을 규합하고 있다. 이 시민운동은 각종 단체, 재단, 공공 서비스 영역, 시청, 상호 공제조합, 기업 등지에서 200명 이상의 '제브르(Zèbres, 얼룩말)'라 불리는 활동가들이 모여, 각자 한 가지 또는 여러 실행을 하면서 교육, 취업, 창업 등 '분야별 대책단'을 구성하고, 공공 정책에 영감을 불어넣으려 하고 있다.

또 〈우리시민Nous Citoyen〉은 시민사회에 새로운 정치적 공간을 마련하고자 2013년 기업가 드니 페이르Denis Payre가 설립했다. 이운동은 "거대 이데올로기 담론을 넘어, 경제·사회 문제들의 해결책을 찾기 위해 시민들을 규합"[36]하는 것을 목표로 하고 있다고, 이 단체 부총재 티보 길리Thibaut Guilly는 설명한다. 일드프랑스에 위치한 주요 사회적 기업 중 하나인 〈경제사회재활을위한모임(Ares)〉의 대표이기도 한 티보 길리는 정치의 실용적 접근을 주장하며 이렇게 말한다. "우리 운동 내부 누구나 아이디어를 제안할 수 있으며, 각 제안마다 성공의 열쇠와 그에 따르는 제약 사항들이 연구됩니다. 말하자면 정치 분야의 기업적 접근이라 할 수 있죠. 그 해답들은 실제 활동 분야에서 효과가 입증된 구체적 경험에서 찾아야 한다고 봅니다." 티보 길리는 이 접근법이 대중들에게서 반향을 얻고 있다고 믿으며 말을 이어 갔다. "시장에서는 '좌도 우도 아닌 시민사회'라고 말합니다. 반응은 긍정적입니다. 사람들은 정말로 새로운 사람들에 의한 새로운 정치를 원하고 있죠." 그럼에도 티보 길리는 이 새로운 시민운동에 따라오는 어려움을 알고 있다. 그의 말을 들어 보자. "우리는 선출 정치인을 가질 수 있습니다. 따라서 기존 정당들이 가지고 있는 함정과 결점 들에 빠지지 않을 방법을 찾아야 합니다." 따라서 가장 중요한 것은 시민들이 정치 세계의 문을 최대한 넓게 열 수 있도록 엄격하고 확실한 방법을 구축하는 것이다.

/ 우리는 정당이 아니다

정치의 관문을 모두에게 연다는 것은 쉬운 일이 아니다. 최근 수십 년 이래 정치 시스템은 선거법과 정당의 재정 시스템에 의해 단단히 잠겼다. 그 결과, 새로운 주체들을 위한 '입장권'을 구하기란 아주 힘들어졌다. 각 정당들은 그들만의 놀라운 철옹성을 쌓는 데 성공했다. 시민들로부터 외면당하고, 당원은 모든 정파를 다 합해도 최대 36만여 명밖에 되지 않는다. 이는 프랑스 국민의 0.5퍼센트에 불과한 숫자다. 이런 상황임에도 그들은 모든 선거에 참여할 수 있는 후보 선정의 독점권을 쥐고 있다! 프라이머리(개방형 국민 경선 제도) 방식이 종종 좌우 진영에서 시민들에게 후보 선정 과정을 개방하기 위해 수용되기도 한다.* 이는 물론 발전된 모습이긴 하다. 그러나 2011년 사회당의 프라이머리에서 가장 '참신한' 후보였던 아르노 몽트부르Arnaud Montebourg가, 이미 15년째 대궐 안에 있던 사람임을 생각하면 이 발의가 실제 성공했다고 생각할 수 있을까? 베르나르 마냉은 이를 다음과 같이 평가한다. "당파적 제휴나 확실한 당의 지원 없이도 당선권에 다다를 수 있는 후보는 …… 극소수에 불과하다. 이는 유권자들에게 어떤 선택권을 줄 것인지를 결정하는 주요 힘은 여전히 정당에서 나온다는 사실을 말해 준다."[37] 이 분석은 코트-다르모르 지사이자 프랑스 도道 연합 회장인 클로디 르브르통Claudy Lebreton이 경험으로 확인해 주었다. "정당을 기대지 않고는 진정한 선거를 통한 해결책은 불가능하죠. 많은 정치인들이 자신들의 피선거권을 위해 전통적 기존 정당 안에 머무를 수밖에 없습니다."[38] 그러나 정치의 직업화를 막으려는 선구자들은 '정당도, 프로그램도, 리더십도 아닌 참여 방법의 개선을 통해 모두에게 정치의 문을 열 수 있다'고 주장한다.

선거(또는 프라이머리)에서 후보자를 선택하는 정당의 권력과 사회 안에서 실제 그들이 행사하는 무게 사이에는 괴리가 있다. 이런 현실을 두고 두 젊은 시민, 티보 파브르(Thibault Favre, 엔지니

---

* 2017년 대선을 위한 프라이머리가 2016년 초 좌파 진영에서 많은 지식인과 행동가 들을 결집시킨 바 있다.

어)와 다비드 게즈(David Guez, 변호사)가 2016년 초 〈라프리메르La Primaire〉[39]를 출범시켰다. 정당을 거치지 않고 국민들이 자유롭게 직접적으로 2017년 대선에 나갈 후보자를 선택하게 한다는 야망 차고 분명한 이유를 목표로 한다. 직업화되지 않는 정치를 열겠다는, 골리앗을 상대로 하는 다윗의 싸움에서 승리하려면 끈질기고 창조적이어야 한다!** 이들은 말한다. "〈라프리메르〉는 하나의 도구이다. 우리는 정당이 아니다. 우리는 프로그램도 없다."[40]

〈라프리메르〉는 스마트폰에서 쉽게 내려받을 수 있는 아주 간단한 애플리케이션을 개발했다. 티보 파브르는 '기술적 장벽'을 최대한 제한하기 위해 인터페이스도 SMS(문자 메시지 전송 서비스)와 비슷하게 만들었다고 설명한다. 애플리케이션을 내려받은 뒤, 각자 자신이 유권자인지 후보자인지 선택한다. "작동은 모든 정파에 열려 있습니다. 출마를 하려면 500명의 시민 지지자를 온라인상에서 모으고 역시 온라인상으로 공약을 입력하면 됩니다." 자신이 직접 출마하지 않아도 500명의 지지를 얻으면 후보자가 될 수 있다. 만약 특정 정치 지도자들이 시민들의 출마 권고를 받는다면 그들 대부분은 시민사회에 적극 참여하고 있는 사람들일 테다. 경제학자 프레데릭 로르동Frédéric Lordon 이나 '봉기의 밤' 주창자인 언

** 미래의 건강한 민주주의를 위한 이러한 문제 의식에 반향을 일으키기 위해서 그들은 재미있는 발상을 했다. 2015년 12월 지방선거 당시, 많은 투표소의 출구에 '데모크라톨'이라는 허구의 '정치적 정신 자극제'를 비치한 것이다. 선거에 대한 극심한 실망을 치료하는 목적에서였다.

론인 프랑소아 뤼팽François Ruffin, 농업 환경주의자 피에르 라비Pierre Rabhi, 니콜라 위블로Nicolas Hulot, 또는 수십 명의 무명 인사들이 그들이다.*

이 과정을 통과한 후보들은 무작위 방법으로 〈라프리메르〉 사이트에 등록된 사람들의 투표 대상이 된다. 구체적으로 말하자면, 사이트에 등록된 사람들은 무작위로 자신들 앞에 놓인 한 '묶음'의 후보자들을 평가한다. "이러한 방법을 사용하되 미디어에 많이 노출되어 널리 알려진 인물이라고 해서 특권을 가지지 않는다고 사전에 알려야 합니다"라고 티보 파브르는 설명한다. 그다음, 1차 투표에서 가장 표를 많이 얻은 4~5명의 후보자가 결선투표에 오른다. 결선에서 이들은 전체 유권자의 선택을 받게 된다. 〈라프리메르〉의 창시자들은 그들의 정당성을 보장하기 위해 앞으로 최소 10만 명의 '인터넷 유권자'를 확보하려는 계획을 세우고 있다. 이는 대부분의 현존 정당 당원 수보다 많은 규모다. 출범 몇 달 뒤, 그들은 목표의 50퍼센트에 다다랐다. 이러한 접근 방식이 관심을 끈다는 것을 보여 주는 사례다.

이들의 계획은 여기서 멈추지 않는다. 〈라프리메르〉 운영자들은 자신들이 결정한 후보자들이 실제로 2017년 대선에 출마할 수

---

* 이들 중에는 몇몇 논란의 여지가 있는 인물들도 있다. 예를 들어 극우주의자 알랭 소랄Alain Soral 역시 500명의 지지를 얻어 냈다. 〈라프리메르〉 창시자들에 따르면 그것이 바로 모두에게 개방되었다는 증거라는 것이다. 그들에 따르면 토론과 집단 지성이 이들 후보들 중, 괴짜들과 극단적 인물들을 가려낼 수 있다고 한다.

있도록 모든 지원을 하려고 한다. 그러려면 필요한 것은 '대통령 자격 검증'이다. 즉, 최종 후보자에게 기존 정당의 대선 후보들과 마찬가지로 동등한 대선을 치르기 위한 필요조건과 수단을 제안하는 것이다. 그러기 위해 〈라프리메르〉 팀은 프랑스 헌법에 따라 실제 대선 출마에 필요한 선출직 공무원 500명의 지지 서명을 받아야 한다. 실제로 상당수 지자체장들은 이 운동에 관심을 보이고 필요한 지지를 보낼 것으로 보인다.

후보자들은 또한 자신들의 정치조직을 출범시키기 위한 실용적 장치도 지원받는다. 고유한 플랫폼이 후보자와 지지자들을 연결시켜 공동으로 공약을 만들 수 있게 하고, 〈라프리메르〉 커뮤니티 안에 있는 재능들을 끌어모아 선거 팀을 조직하려는 계획도 세우고 있다. 그런가 하면, 앞으로 후보자들에게 선거에 필요한 재정과 플랫폼 기능을 제공하기 위해 (전통적인 프라이머리에 견주면 우스운 비용 수준이지만) 〈라프리메르〉는 항시적 참여 재정 캠페인을 염두에 두고 있다. 2015년 10월부터 2016년 6월 사이에만 5만 유로 이상이 이 방식으로 조성되었다.

'새로운' 후보자들의 출현을 돕는 이러한 접근 방식은 시류를 타는 듯 보인다. 〈라프리메르〉가 지나간 길을 따라, 온라인 투표 형식을 적용한 〈라브레프리메르La Vraie Primaire〉[41]나 〈프리메르데프랑세Primaire des Français〉[42]와 같은 또 다른 시민 프라이머리들이 프랑스에서 꽃피고 있다. 이 프로젝트는 〈라프리메르〉와 같은 진정한

열린 프라이머리라기보다는 자기 진영의 후보자*를 내세우려는
몇몇 시민운동을 한데 묶은 것이기도 하다.

/ "국회의원을 구합니다"

선거에 참여하는 후보자를 선택하는 게임 규
칙을 바꾸는 것, 이것이 살아 있는 민주주의를 위한 근본적인 개
혁이다. 이미 1910년 정당 전문가였던 사회학자 로베르 미셸Robert
Michels은, 민주주의와 다수의 참여라는 열망은 정당 내부 지도자
계급 출현으로 빠르게 한계를 보였다는 사실에 주목했다.[43] 법을
잘 알고, 충분한 사회적, 재정적 혜택을 얻는 소수만이 선출될 가
능성을 바랄 수 있는 것이다. 주요 선거에서 '선출될 수 있는' 자리
는 이미 내정되어 있다. 이러한 상황에서 당원들은 필연적으로 소
외된다. 그래서 당 지도층이 공약을 만들고, 공천을 행사하는 동
안 이들에게는 거의 대부분 지도부의 감독하에 지역 모임 주관 등
비전략적인 임무가 주어진다. 선거는 일반 시민들은 접근할 수 없
도록 굳게 닫힌 문 안에서 밀폐되고 계급화된 정당들의 볼모로 전
락했다.

* 이들 가운데는 코린 르파주(〈캅21Cap21〉 회장 및 2002년, 2012년 대선 후보), 니콜라 두스랭
(Nicolas Doucerain, 〈우리시민〉 회장), 장마리 카바다(Jean-Marie Cavada, 전 언론인 및 유럽의회 의
원), 클로드 포스테르낙(Claude Posternark, 기업인), 알렉상드르 자르댕(작가) 장 바티스트 푸코
(Jean-Baptiste Foucauld, 전직 고위공무원 및 〈시민협정Pacte civique〉 조정관)이 포함되어 있다.

키트리 드 빌팽Quitterie de Villepin이 바로 이 상황을 구체적으로 겪었다. 2008년 갓 30살의 나이에 그녀는 모뎀MoDem**을 뛰쳐나왔다. "당 지도부는 나에게 성배를 제공했어요. 유럽의회 선거 후보자 목록에서 1번을 줬죠. 하지만 6년을 당에서 일한 뒤, 지방선거에서 당의 상임 지위를 얻은 나는 화려하지 않은 당 조직의 이면을 보게 됐죠. 모든 게 잠겨 있고, 선출될 수 있는 위치로 가는 기회는 영주의 뜻에 달려 있었어요. 나는 이런 도식 안에 내 이름을 넣고 싶지 않았어요."[44] 상징적인 정치 경험 후, 그는 몇몇과 함께 '누구든 국회의원을 꿈꾸는 자는 할 수 있게' 하기 위해 〈나의목소리Ma Voix〉 실험을 시작했다. 이 선택의 중심에는, 직업화는 민주주의에 위험하다는 확신이 자리 잡고 있다. 그것은 시민들에게 권리를 포기하게 하고, 많은 인재들로 하여금 정치를 못 하게 만든다. 〈나의목소리〉는 따라서 최대한 많은 사람들에게 경력이 무엇이든, 어떤 인맥이든 공동체 생활에 참여할 수 있는 공평한 가능성을 제공하기를 희망한다. 이 계획은 2015년 봄에 시작되어 다수의 '보통' 시민을 국회로 보내겠다는 의지를 보이고 있다. 이는 아테네 민주주의의 이상적 모습을 현실화하려는 형식이다. 아리스토텔레스에 따르면 "민주주의 체제의 근본 원리는 자유다. …… 자유의 한 가지 징표는, 차례로 돌아가면서 지배하고 지배되는 것

** 프랑스의 중도파 정당. 프랑수아 바이루François Bayrou가 이끌며 2017년 대선에서는 역시 중도파 정당인 앙 마르슈En March를 이끈 마크롱 후보 지지를 선언했다. 옮긴이

이다."[45] 추첨에 익숙한 고대 그리스 인들에게 정치적 평등을 실현하는 구체적 가능성은 민주주의의 징표였다. 공공 임무를 수행할 수 있을 것으로 보이는 모든 시민은 참여에 나설 수 있었고, 30세 이상 시민들 중 50~70퍼센트가 적어도 한 번은 아테네 체제의 주요 기관인 국가위원회 위원을 경험했다. 정치학자 베르나르 마냉은 "아테네 인들은 정치적 발의를 할 수 있는 사람을 …… '권리를 가진 사람들 중 원하는 모든 아테네 인ton Athènaion ho boulomenos hois exestin' 또는 더 짧게 말해 '원하는 사람ho boulomenos'이라고 표현하는 독특한 방식을 사용하고 있었다"[46]고 말한다.

'#우리가 바로 우리가 필요로 하는 사람들이다(#NousSommesCelles EtCeuxQueNousAttendions)'라고 하는 해시태그는 이러한 정신을 잘 요약해 준다. 모두가 예외 없이 〈나의목소리〉 모험에 참여할 수 있다. 〈나의목소리〉는 미리 정해진 당파도, 정치적 이데올로기도 없다. 왜냐하면, 이런 것들이 사전에 정해지면 토론을 경직시킨다는 것이다. 그들은 정치란 틀에서 벗어나면 안 되고, 동의를 하지 않으면 안 되는 기존 정당의 모델로부터 해방되는 데 있다고, 즉 '안정 지역'을 넘어서는 데 있다고 생각한다. 〈나의목소리〉는 따라서 토론과 디지털 투표 플랫폼, 시민 배심원, 합치 회의, 월드 카페* 등 민주주의의 새로운 메커니즘을 표현하려는 의지를 공유하는 사람들을 규합하려 한다. '실전'의 첫 번째 경험은 2016년 4월 스트라스부르 보궐선거였다. 선거에 참여할 후보자를 '모집'하기 위해 〈나의목소리〉는, 소셜 네트워크를 통해 국회의원이 되려는 모든 사람을 초대하는 '모집 공고'를 냈다. 채용 공고는 이렇게 시작한다. "프랑스 시민들을 위한 법안 작성을 전문으로 하는 기관인 국회가 국회의원을 모집합니다." 조건, 월급, 수당 등 모든 것이 근무 명세서에 상세히 적혀 있다. "회기 중에는 100퍼센트 국회에 출석"해야 하며, "실시간으로 유권자의 결정을 전해야" 하는 것들이 임무다. 모두 16명의 시민이 후보자로 나섰다. 그들 중에는 누구도 앞서 정치 경험이 없었다.

키트리 드 빌팽의 표현처럼, "'해커'를 하려면 시스템을 알아야 하기 때문에", 입후보하는 후보자들은 온라인 강좌를 들어야 한다. 10회 차로 구성된 이 프로그램에는 하루 국회 체험(생활 리듬, 규정, 법), 소위원회 활동, 단계별 법안 제정 절차, 헌법의 역사 등이 포함돼 있다. 국회의원 지망자들은 총선 '부트 캠프' 때, 국회의원 '직'의 목적을 읽고, 혁신적이고 집단적인 선거운동을 구상하기 위한 주말 프로그램을 이수했다. 마침내 16명의 후보자 가운데 2016년 5월 총선에서 누가 〈나의목소리〉 후보자가 될지 추첨으로 결정했다.

키트리 드 빌팽은 추첨을 하게 되면 "낙하산 후보가 없어지고,

* '월드 카페'란 무작위의 참가자들이 카페에서 만나 대화를 나누듯, 열린 주제를 놓고, 열린 토론을 하는 대화법을 말한다. 1980년대 미국에서 처음 시작됐고, 우리나라에서도 시민 교육 프로그램으로 자주 등장한다. 옮긴이

애매한 기준으로 몇몇 인물에 특권을 부여하는 기존의 '정무적 캐스팅'을 피할 수 있다"고 설명한다. 2016년 4월 16일 스트라스부르에서 서점을 운영하던 다니엘 제르베Daniel Gerber가 최종 시한 하루 전날 추첨으로 결정됐다. 마지막 순간까지 언론이 집단의 역동성과 이 집단이 만들어 낸 비정형적 정치 제안 자체보다 특정 인물에만 초점을 맞추는 것을 피하기 위해서였다.

2016년 5월 22일 〈나의목소리〉 후보는 4.25퍼센트의 표를 얻었다. 결과는 고무적이었다. 특히 재정 도움도 거의 없이 겨우 며칠간 선거운동을 했다는 조건을 본다면 더욱 그렇다. 첫 도전이라는 점을 생각하면 상징성도 컸다. 〈나의목소리〉는 프랑스공산당(3.83%)과 같은 가장 전통적인 정치 세력이나 우리의땅Unser Land(3.82%) 같은 지역 분권주의 정치 세력보다 좋은 결과를 얻어 냈기 때문이다.

키트리 드 빌팽은 실험의 상징적 중요성을 확신하고 있다. "우리에게 중요한 것은 목적지가 아니라 그곳까지 가는 여정입니다. 이 구체적 정치 여정이 이미 대안이 있을 수 있다는 걸 증명해 주고 있죠. 순진해 보일 순 있지만 우리는 이게 중요하고 참여하는 모든 이들에게는 이 자체가 개혁입니다." 〈나의목소리〉나 〈라프리메르〉와 같은 경험이 가까운 미래에 정치계를 쇄신하고, 정치문화를 최대한으로 넓힐 수 있으리라 확신한다.

**완전히 새로운 버전의
위임 정치**

그런데 당선이 된 뒤에도, 정치인들이 어떻게 임기 중에 시민들과 동떨어지지 않고 '연결되어' 있을 수 있을까가 문제로 남는다. 이미 20세기 초 이탈리아의 사회학자 로베르 미셸Robert Michels은 국민에 의해 선출된 정치인들이 그들의 위임자들로부터 점차 해방되어 가는 것을 우려했다. 오늘날까지도 이러한 변질이 숙명일까? 새로운 발상으로 기존의 대의 체제를 다시 생각해 볼 수 있을 것이다.

/ 국회로 들어간 트로이 목마

2013년 8월 아르헨티나의 수도 부에노스아이레스에서 협업 오픈 소스, '데모크라시 OS'를 만든 이들이 네트워크 당Partido de la Red을 창당했다. 이들은 인터넷과 그 원리를 통해 현 제도권과 대의 체제 관계를 전복시키기 위해 '시스템을 표절'하고자 했다. 이들은 부에노스아이레스에서 당선됐지만 실제로는 다른 모든 시민들의 목소리를 담은 대리인들이다. 구체적인 프로그램은 없지만 한 가지 규칙만은 존중한다. 데모크라시 OS

플랫폼에 밝힌 시민들의 요구 사항을 충실히 반영하여 유권자들의 직접적 의지를 늘 적용하겠다는 것이다.

네트워크 당은 겨우 창당 두 달 만인 2013년 10월 부에노스아이레스 시 지방선거에 참가함으로써 제도권 정치에 뛰어들었고 22,000표(총 유권자의 1.2%)를 얻어 2차 투표까지 올라갔다. 의석을 차지하기엔 모자랐지만 유권자들에게 그 존재와 정신을 각인시키기에는 충분했다. 네트워크 당의 제안은 공공 토론의 대상이 되었고 의회에서도 데모크라시 OS 플랫폼이 여러 차례 언급되었다.(3장 참조) 이 정당은 현재 2017년 차기 선거를 준비하고 있다.

네트워크 당의 멤버, 아나-리스 로드리게스 나르델리Ana-Lis Rodriguez Nardelli는 "우리 당 후보가 당선된다면, 그들은 우리 공동체의 회원으로서 데모크라시 OS 플랫폼에 나타난 전체 의지를 제도권에 전달하는 일꾼이 될 것입니다"[47]라고 말한다. 이 계획이 실현되려면 체계적인 시민 자문단을 조직하여, 결정 사항마다 자문이 이루어지고 이를 바탕으로 당 의원이 의회에서 입장을 표명해야 한다. 이 시민운동 주창자 중 한 명인 피아 만시니는 "우리 대표들이 그들을 뽑아 준 시민의 생각과 다른 결정을 내리지 않게 할 방법이 있어요. 우리 대표가 의회에서 투표한 결과와 우리 플랫폼의 결과를 비교하면 됩니다"라고 말한다.[48] 다시 말하면, 네트워크 당 의원들은 자신의 이름을 걸고 결정하지 않는다. 그들은 의석에 앉아서 시민들이 원하는 바에 따라 결정된 사항을 전달하며 그들이 지지하는 시민단체의 결정을 그대로 따르는 사람들인 것이다.*

자신의 결정권을 타인에게 위임하고, 위임받은 대표는 정해진 절차에 따라 정확하게 그 권리를 행사하는 이런 정치 시스템을 '절대 위임 정치mandat impératif'라고 부른다. 철학자 루소는 이 절대 위임 정치 제도를 특히 중요하게 생각했다. 절대 위임 정치야말로 국민주권을 실현할 최적의 방법이라고 여겼기 때문이다. 루소는 "선출된 의원들은 자신의 의견을 말하는 대표가 아니라 심부름꾼에 불과하다. 그들에게는 자기 마음대로 최종 결정을 내릴 권한이 없다"라고 말했다. 그러나 파리코뮌 동안에도 절대 위임 정치는 실현되지 않았다. 그리고 사실 1958년 10월 4일 공포된 프랑스 헌법 제28항은 "절대 위임 정치는 어떤 형태든 불가하다. 의회에서 의원들은 개인 자격으로 투표권을 행사할 뿐이다"라고 명시하고 있다.

이는 현재 실험 중인 대표제와 논리적으로 완전히 배치되는 내용이다. 물론 절대 위임 정치에는 여전히 해결되지 않은 문제가 있다. 무엇보다도 각종 주제에 관한 정확한 의견을 의원에게 전달하려면 시민들의 강력하고도 정기적인 토의와 참여가 뒷받침되어야 한다. 하지만 정치에 소극적인 사람들이 그렇게 행동하기는 쉽

---

* 전통적 관례와 단절을 의미하는 이러한 규칙은 프랑스의 〈나의목소리〉도 채택하고 있다. 이 원칙은 다음과 같은 단계로 시험을 거친다. 우선 법안 전체에 대한 투표가 이루어진다. 그런 다음 세부 항목별로 하나하나 논의가 이어져 개정 사항을 제안하고 마침내 하나의 법안이 완성될 때까지 투표한다.

지 않다. 또 참여한다 해도 수많은 복잡한 문제들에 한결같이 규칙적으로 관심을 쏟고 의견을 표명할 것이라고 기대하기도 어렵다. 더구나 의원을 움직이는 시민들의 합법성(정당성)에 의문을 던질 여지도 있다. 의견을 전달하는 시민이 몇 명 이상이어야 인정될 것인가? 이 정치 실험은 단계별로 접근할 필요가 있다. 집단 지성을 반영하는 정치 절차를 도입해서 실제로 제도를 실행하기까지 위원회나 법규, 진행 속도, 의제 그 어느 것도 확실하게 준비된 것이 없기 때문이다.

/ 해적들, 의회에 진출하다

　　　　　　해적당Parti pirate은 스웨덴에서 시작되어 세계로 퍼져 나간 운동으로 아이슬란드에서는 밝은 미래를 약속하며 대안으로 떠올랐다. 이 운동은 현재 21세기형 대의 민주주의 재창출을 위한 흥미로운 접근법을 실험하고 있다.

　해적당의 출현 과정은 평범하지 않다. 2006년 스웨덴 정부는 P2P를 통한 파일 공유를 금지하는 법을 공표했다. P2P 파일 공유는 스웨덴에서 냅스터Napster의 서비스 개시와 비트 토렌트Bit Torrent(P2P 파일 전송 매뉴얼)의 출현으로 활발히 이루어지고 있었다. 정부의 금지법이 발표되자 그 반발로 일어난 것이 바로 해적당 운동이다. 문화적 해적 행위를 막기 위한 정부 산하기관이 전국 곳곳에서 속속 문을 열자, 스웨덴 활동가들(특히, 릭 팔크빙에Rick Falkvinge)은 〈해적사무소Bureau des pirates〉를 열고 인터넷상에서 더욱 활발한 공유 활동을 지켜 나가기로 했다.

해적당은 지적재산권을 폐지하고 기술적, 문화적 변화에 적합한 법률 개선을 목표로 하는 운동을 제안한다. 다른 정당들은 디지털 사안을 지엽적인 문제로 취급하는 데 반해 해적당은 가장 핵심적으로 다루고 있다. 해적당은 시민의 자유와 표현의 자유 추구라는 디지털 시대에 걸맞는 전망을 제시하며 다음 세 가지 원칙을 세웠다. 시민의 권리와 개인 정보 보호, 문화적 자유, 그리고 특허권과 독점권은 우리 사회에 유해하다는 신념이 그것이다.

자신들의 생각을 실현하기 위해서 이들은 모호한 정체성을 벗어 버리고 독자적 정치 정당으로 거듭나기로 했다. 정치에 문외한인 사람들로 구성된 이 운동은 큰 성공을 거두었다. 스웨덴 해적당이 2009년 6월 유럽의회 선거에서 7.1퍼센트의 지지를 얻어, 지적재산권 개혁에 전념할 두 '해적'을 브뤼셀 유럽의회에 보내기에 이른 것이다. 안타깝게도 2014년 유럽의회 선거에서는 의석 확보에 실패했다. 하지만 이 운동은 유럽 다른 나라들로 급속히 퍼져 나가게 된다. 독일의 경우 2011년 9월 베를린 지방선거에서 9퍼센트 가까운 표를 얻어 정치 무대에 등장했고, 2014년에는 줄리아 레다Julia Reda 의원을 유럽의회에 진출시키기에 이르렀다. 아이슬란드에서는 2016년 가을 총선에서 제1당으로 선출되어 정권을 잡을 가능성이 높다.*

　해적 운동은 점점 세가 불어나고 있으며, 정치적 이해도 깊어져서 그들의 관심이 이제는 인터넷 자유 영역을 넘어서고 있다. 2011년부터 독일 해적당은 사회의 다양한 문제와 직접 민주주의 도입, 투명성 요구 등 정치 시스템 개혁을 목표로 한 당 차원의 프로그램을 마련해 운영하고 있다. 이렇듯 '일상에서 인터넷 기본권과 관련된 자유를 수호'[49]하는 것을 넘어서서, 해적당은 이제 정치 무대 뒷전에 물러나 있던 시민들의 정치 참여 열망과 의지를 반영한 정당으로 발전해 나가고 있다. 해적당원들은 인터넷을 통해 기존의 전통적 민주주의 제도와 단절하겠다는 새로운 전망을 서서히 구체화하고 있다. 오늘날 전 세계 40개국으로 뻗어 나간 해적당 운동은 비슷한 철학을 공유하는 하나의 깃발 아래 수많은 시민 단체들을 모은다. 특히 해적당은 '액체 민주주의Liquid Democracy'** 개념을 최초로 도입했다.

---

* 2016년 10월 29일 치러진 아이슬란드 총선에서 해적당은 14.5퍼센트(10석)를 득표해 좌파 녹색당과 공동 원내 제2당에 올랐다. 옮긴이
** 이 개념은 2000년대 말 출현했으며 폴란드 철학자 지그문트 바우만Zygmunt Bauman의 저서 『액체 근대』(이일수 옮김, 강, 2009)에서 가져온 것이다. 다음 영상 참조. https://goo.gl/TzveHz

/ 디지털 시대, 유동하는 민주주의

이론상 우리는 정당이 우리의 의견을 하나로 모아 공공에 이로운 결론을 끌어낼 수 있으리라 믿고, 그들의 능력을 신뢰한다. 또 대표들이 우리를 대신해 최상의 결정을 내려 줄 것이라고 믿는다. 그러나 다른 정당과 마찬가지로 해적당 역시 전통적인 대의 민주주의하에서는 '좋은 대표'가 불가능하다는 사실을 보여 준다. 생각이 비슷하다는 이유로 어느 후보자를 지지하고 대표로 뽑았다 하더라도, 그 대표가 자신을 지지한 사람들이 GMO(유전자 변형 식품)나 지구온난화, 난민 수용, 교육, 세제, 핵 문제 들을 어떻게 생각하는지 무슨 수로 다 알 수 있겠는가? 어떤 대표도 모든 문제에 관하여 수천 명의 유권자들을 충실하고 지속적으로 대변할 수는 없다. 그러므로 '믿을 수 있고 책임감 있는 새로운 시스템은 무엇이며, 21세기의 수단과 이념으로 그것을 어떻게 이룰 수 있을 것인가'가 우리가 생각해야 할 중요한 사항이다.

액체 민주주의(또는 위임 투표Proxy Voting)는 거의 모든 문제가 투표를 통해 결정되는 민주적 방식을 의미한다. 다시 말해 모든 문제를 시민 전체가 직접 결정한다는 것이다. 여기에도 기본으로 고려해야 할 사항이 있다. 모든 사람들이 모든 문제 하나하나를 충분히 생각하고 결론을 내릴 만큼 시간과 지식을 갖추고 있느냐 하는 점이다. 또한 제기된 구체적 문제(예를 들면 '마을 공동체의 살충제 사용을 금지해야 하는가?'와 같은 문제)나 그 밖의 다양한 문제를 믿을 만한 다른 사람들이 대리 투표로 결정하게 할 수도 있을 것이다. 액체 민주주의는 따라서 직접 민주주의(주민이 모든 문제에 직접 의견을 표명하는 제도)와 대의 민주주의(시민이 일정 기간 자신을 대리할 사람을 뽑아 그가 결정을 대신해 주는 제도) 중간 어딘가에 자리한다. 아이슬란드 해적당의 비르기타 욘스도티르 의원은 "교육 문제 결정에 어려움을 느끼지 않고 자신의 의견을 직접 표명하기를 원하는 사람이 있다고 칩시다. 그런데 같은 사람이 환경 문제에 있어서는 반대로 자신이 신뢰할 만한 환경 전문가가 대신 투표해 주기를 바랄 수도 있습니다"[50]라고 설명한다. 뿐만 아니라 대리 투표는 추이적이다. 투표 행위가 대리인에서 또 다른 대리인으로 넘어갈 수 있다는 뜻이다. 투표권의 위임은 자유롭고 자발적인 협력하에 언제라도 가능하다.[51] 그러므로 액체 민주주의는 신뢰 관계망과 임시 대표 원칙의 바탕 위에 이루어지는 제도이다.

대의정치 모델로서 액체 민주주의가 갖는 이점은 새로운 리더십의 출현을 가능하게 하며 조직적이고 수평적인 신뢰의 연결 고리를 만들어 낸다는 점이다. 이러한 방식은 점점 더 멀어져 가는 시민과 대표자 사이의 간극을 좁혀 줄 해답을 제공하며 개인 간의 상호 협동을 도와서 네트워크를 구축하게 해 민주적 토론에 적합한 모델이기도 하다. 유럽의회 해적당 대표인 줄리아 레다 의원은 이렇게 설명한다. "액체 민주주의는 뛰어난 집단 지능 도구예요.

직접 민주주의와 대의 민주주의 그리고 액체 민주주의 비교[52]

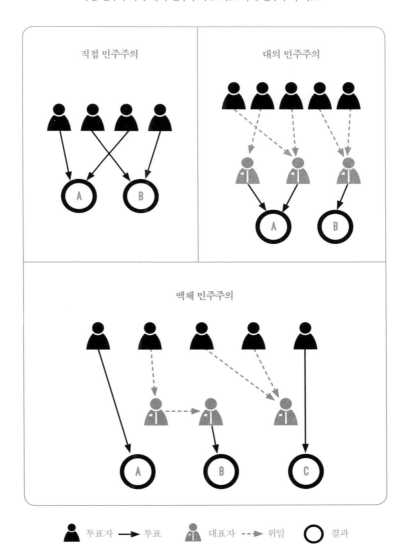

한편으로는 어떤 주제와 직접 관련된 당사자들과 '전문가'를 위임이라는 방식으로 동원하죠. 그러면서도 직접적인 의사 표현이 가능하기 때문에 소수자들이나 다른 의견을 가진 사람들도 대화에 참여할 수 있게 됩니다. 따라서 매우 다양한 구성원의 참여를 통해 결론을 얻을 수 있죠."[53]

액체 민주주의 제도의 발전과 효과적인 실행을 돕기 위해 독일 해적당원들은 오픈 소스 도구인 '리퀴드 피드백Liquid Feedback'[54]을 개발했다. 구체적인 내용은 다음과 같다. 플랫폼에 가입하고 투표 자격을 갖춘 사람이, 어떤 안건에 유능하고 적절하다고 생각되는 다른 회원에게 자신의 투표권을 위임할 수 있다. 각 유권자는 언제나 투표할 권리가 있는데, 위임한 투표권을 돌려받을 수도, 직접 투표할 수도, 자신의 선택을 타인에게 맡길 수도 있다. 유연한 이 플랫폼에서는 투표와 논의, 합의 도출에 이르기까지 다양한 과정이 가능하다. 이 플랫폼은 이미 독일, 오스트리아, 이탈리아, 스위스, 브라질의 해적당 내에서 토론용이나 국가 회의 준비용으로 여러 차례 성공적으로 이용된 바 있다.

다음 단계는 선출된 대표들이 네트워크상에서 이루어진 합의를 바탕으로 '리퀴드 피드백'을 이용하여 상시적으로 결정을 내리는 것이다. 여기에는 조금 더 복잡하고 비교적 이론적인 문제가 있다. 많은 활동가들은 액체 민주주의의 미래가 '블록체인 blockchain'[55]이라는 신기술의 개발에 달려 있다고 생각한다. 매우 안

전한 기술로 이름난 블록체인은 온라인상의 모든 데이터를 중간 매개체 없이 저장하는 기술이다. 다시 말해 중앙 관리자가 없이 각 사용자가 체인이 만들어진 이후 실행된 모든 거래 기록을 보관하는 것이다. 따라서 저장된 데이터는 조작이 불가능하다(왜냐하면 조작하기 위해서는 사용자가 보유한 체인에 연결된 모든 블록을 수정할 수 있어야 하기 때문이다). 미래에는 이 블록체인 기술을 이용하여 대규모 안전한 투표가 가능해질 것이다. *

액체 민주주의가 확실한 장점이 있음에도 여전히 몇 가지 장애물이 있다. "이 제도하에서는 기술 능력과 높은 문화 자본을 바탕으로 몇몇 특정인이 적지 않은 양의 투표권(대리 투표권)을 '수집'할 수도 있다."[56] '디지털 격차'가 존재하므로 새로운 형태의 '과두 정치체제' 즉, 일부 개인들과 연계하여 네트워킹 능력에 따라 자신의 영향력을 발휘하는 새로운 소수 집단 지배 체제가 출현할 수도 있다.[57] 문제는 그뿐이 아니다. 투표권 매수, 지배, 협박, 공갈 등 지금의 부정부패는 몇 백 명 정도의 대표들에 국한되어 있지만 앞으로 네트워크에 퍼져 있는 수천 명의 대표들이 이러한 부정부

---

* 현재 블록체인은 온라인 화폐이자 결제 시스템인 비트코인에 주로 사용되고 있지만 그 적용 가능 범위는 이보다 훨씬 폭넓고 다양하다. 수많은 비판(특히 생태학적 비용에 대한 비판이 있는데, 이 기술이 쉬지 않고 강력한 서버를 사용하기 때문이다)에도 이미 조직된 정보 시스템을 이용하여 블록체인은 '신용을 바탕으로 하는 수많은 기관(은행, 공증사무소 등)'을 대체하게 될 것이다. "데모크라시 닷 어스Democracy.earth"라는 프로젝트는 블록체인 기술에 기초한 매뉴얼을 만드는 작업을 진행하고 있다. 이는 분산 통치라는 정치 형태를 가능하게 해 줄 것이다.

패에 연루된다면 그 문제를 어떻게 해결할 것인가? 이는 틀림없이 민주주의 작동에 커다란 장애물로 작용할 것이다. '네트워크'가 누구에게 책임을 질 것인가? 네트워크 분야 전문가인 도미니크 시어너Dominik Schiener에 따르면, 네트워크 체제 운영의 이점이 바로 책임감과 신뢰의 분배이다. 시어너는 말한다. "시스템을 망가뜨릴 가능성은 극히 제한적입니다. 왜냐하면 각 개인은 아주 작은 일부 결정권밖에 갖지 못하기 때문이죠. 더구나 위임받은 대표가 부정을 저지르면 그에게 위임된 대리 투표권을 즉시 철회하고 유권자가 직접 투표를 하거나 다른 대리인에게 투표권을 맡길 수도 있습니다. 반면 대의 민주주의 체제하에서는 대표를 잘못 뽑았더라도 다음 선거까지 5년이나 기다려야 하지요."[58] 대화 창구만 열려 있다면 액체 민주주의가 21세기 정치 궤도를 대변할 상당히 흥미롭고 새로운 장을 열게 되리라는 점은 분명하다.

새로운 시도가 급증하며 민주주의 발전에 커다란 활력이 되고 있다. 새로운 절차(추첨, 익명의 후보자, 집단 결정 플랫폼, 액체 민주주의) 실험을 통해서 민주주의 제도가 구조적으로 변모하고 시민들은 자신의 선택을 스스로 생각해 보며 새로운 토론의 장이 제공된다. 정치적 수도원의 수호자를 자처하는 기존 정당 정치 모델의 태생적 한계를 짚어 보는 계기가 되기도 한다. 그러나 네트워크당 당원 로드리게스 나르델리는 신중한 태도로 덧붙인다. "그 어느 것도 대리석에 새겨지듯 확실한 것은 아닙니다. 개척자와 같은 자세로 우리는 옳은 길로 가고 있는지 끊임없이 자문하고 경계와 끈기를 매번 강화해야 합니다."[59]

03

시민이
법이다

법은 일반의지의 표현이다.
모든 시민은 개인적으로 또는 대표자를 통해
입법에 참여할 권리가 있다

— 프랑스 인권선언문 제6조

입법권은 소수의 제한된 정치, 법률 엘리트에
게 주어져 있다. 마치 입법 행위가 일개 시민들 손에 맡기기엔 너
무나 복잡하고 중요한 것인 양 말이다. 현대 민주주의는 처음 시
작될 때부터 시민의 입법 능력을 의심했다. 루소는 이렇게 단호
한 어조로 기록했다. "자신이 무엇을 원하는지, 자신에게 좋은 것
이 어떤 것인지도 알지 못하는 무지몽매하기 이를 데 없는 무리들
이 어떻게 입법 행위와 같은 저 고귀하고 어려운 임무를 행할 수
있겠는가? …… 바로 그렇기 때문에 입법부가 필요하다."[01] 선출
된 입법부야말로 '올바른' 결정을 내릴 능력을 가진 유일한 존재
라는 것이다. 미국 민주주의 수립의 아버지라 불리는 제임스 매디
슨James Madison은 1787년, 선출된 대표자들에 의해 만들어진 법률
이 대중의 필요에 더 적합할 것이라고 말했다. 그는 "대표들의 지
혜는 어떤 것이 국가에 진정으로 이익이 되는지 잘 파악할 수 있
을 뿐만 아니라, 그들은 애국심과 정의감으로 뭉쳐 있는 사람들이
므로 일시적 감정이나 편파적 생각으로 공공의 이익을 저버릴 가
능성이 매우 낮다"[02]고 생각했다.

대중은 우매하여 자기에게 무엇이 좋은지조차 판단할 능력이 없으며, 일시적 기분이나 두려움의 포로이므로 결정 과정에서 당연히 배제되었다. 따라서 대중은 엘리트 집단이 만들고 결정한 법규를 수동적으로 적용받기만 하는 대상일 뿐이었다. 이런 생각이 200여 년 전부터 우리에게 이어 내려온 정치사상이다. 그러나 오늘날 정부 조직이나 법률을 개선하고, 공동체 가치를 혁신하는 과정에서 시민을 배제시키는 것은 불가능하다. 그렇다면 시민을 자신과 관련된 법안의 입법 과정에 주도적으로 참여시킬 수 있는 방법은 무엇일까?

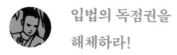

입법의 독점권을 해체하라!

시민은 중요한 법안이나 규정을 상정할 권리를 가져서는 안 될까?

다른 대부분 나라와 마찬가지로 프랑스에서도, 어떤 법안이 의회 의제로 상정될 수 있는 방법은 정부에 의한 법률 계획안과 혹은 의원을 통한 법률 제안* 두 가지밖에 없다. 시민사회는 침묵할 뿐이다. 프랑스혁명의 핵심 인물 중 한 명인 시예스는 시민이 대표를 통해 표현할 뿐 스스로 요구할 의지가 없는 존재라고 강조한 바 있다.[03]

그런데 지금, 법률 추진에 있어서 정치권의 독점에 의문을 제기하는 목소리가 높아지고 있다. 이와 같은 현상은 세계 여러 나라에서 드러나고 있으며, 발언권을 시민들에게 돌려주는 직접 민주주의 시스템이 다양한 형태로 나타나기 시작했다. 특히 의회와 정부에 이어 시민들에게도 입법을 추진할 수 있는 '시민 발의권'을 부여하자는 주장이 두드러진다. 실행 방식에는 두 유형이 있다. 첫 번째는, 특정 주제에 일정 시민이 모여 의회 대표인 중개인을

---

* 프랑스의 경우 법안 제안 비율이 상당히 불균형하다. 전체 법안 중 겨우 5~10퍼센트만이 의원들이 제출한 법안이다.

거치지 않고, 국민투표를 통해 직접 국민 의견을 묻는 '시민 발의 국민투표' 형식이다. 두 번째는 시민이 직접 의회에 참석하여 제안된 사안에 투표권을 행사하는 방식이다.

/ 시민 발의를 통한 권력 공유

1848년부터 스위스 국민들은 최소 10만 명의 지지를 받으면 '시민 발의 국민투표'를 실시하여 헌법을 개정할 수 있는 권리를 가져 왔다. 칸톤('주'를 뜻하는 행정단위) 차원에서도 국민투표를 실시해 새로운 법률 채택을 제안할 수 있다. 1848년 이래 시민 주도 국민투표는 200차례 이상 이루어졌으며, 그중 10퍼센트는 법률로 채택되었다.[04] 뿐만 아니라 스위스 국민은 거부권을 가지고 있어서 의회에서 채택된 일부 법안을 관리, 수정 또는 폐기할 수도 있다. 스위스 유권자들은 어떤 법안이 채택되면 채택된 날로부터 100일 이내에 5만 명(전체 유권자의 1퍼센트) 이상의 서명을 얻어, 어떤 연방 법률이든 거부할 수 있는 '임의 국민투표'를 요청할 수 있다. 이 조항은 칸톤 차원에서 적용되므로 주민들은 입법 또는 행정부의 결정에 반대할 수 있다. 1848년 이래 스위스 국민은 임의 국민투표를 통해 169건의 법률 중 93건을 거부했다.

스위스와 같은 시스템은 대다수 현대 민주주의 사회에서는 예외에 속한다.* 이탈리아, 리히텐슈타인 그리고 캘리포니아 같은 미국 일부 주에서만 유사한 제도가 있을 뿐이다. 그러나 국민과 그들 대표 사이의 이와 같은 권력 공유는 많은 장점을 가진다. 무엇보다 이 제도는 적극적인 시민권 고양이라는 측면에서 매우 뛰어난 시스템으로, 시민은 자신의 운명을 스스로 결정할 수 있으며 자신에게 중요한 문제가 어떻게 변화하는지를 지켜볼 수 있다. 시민이 중개자 없이 법률 제정에 직접 참여할 수 있는 경로를 열어 놓음으로써 기존 질서에 유연성을 부여하고 새로운 기대와 참신한 제안을 유도하며 시민 참여가 필요한 프로젝트 진행이 쉬워진다. 이는 공개 토론으로 이어져 사회의 모든 중요 사안의 정치적 토론을 낳는다. 사회의 중요한 문제가 연방 차원(연금 시스템, 정교 분리 원칙, 환경 등)에서뿐만 아니라 지역 차원(쓰레기 분리수거 등)에서도 논의의 대상이 된다. 정치학자 앙투안 숄레Antoine Chollet는 "스위스 사회에서 국민들은 정치에 끊임없이 참여하면서 종종 정치권보다 앞서 나갑니다"[05]라고 말한다. 예를 들면, 시민 발의로 환경문제가 정치 논의의 대상으로 떠오른 적이 있다. 1990년, 54퍼

---

* 예를 들면 프랑스는 국민투표 소집이 대통령의 고유 권한이다. 2008년 니콜라 사르코지 대통령하에서 채택된 개정 헌법은 '공동 발의 국민투표'를 도입하였으나, 여기에서도 시민이 아닌 의회 의원들에게 발의권을 준 것으로 상·하원 의원의 5분의 1이 서명한 안건에 의회가 국민투표를 부칠 수 있다. 국민들의 요구 사항이 의원들의 마음에 들지 않을 경우 이를 거부할 수 있는 방패막이가 되므로 의원들로서는 상당히 유리한 조항이라 할 수 있다. 450만 명의 서명(전체 유권자의 10분의 1, 이는 다른 나라에 비해 지나치게 높은 기준이다)이 있어야 비로소 국민투표의 대상이 될 수 있으니 실제로는 무용지물이나 다름없는 조항이다.

센트 유권자가 앞으로 10년간 신규 원자력발전소 건설 금지에 찬성표를 던졌다.

한편 스위스에서는 국민투표 시스템 자체가 토론 대상이 되기도 했다. 그리고 유럽 이웃 국가들에서는 일부 정치권과 언론, 그리고 시민들마저도 시민 주도의 정치 제도가 민주주의에 실질적 이익이 있는지 의심의 눈초리를 보내기도 한다. 사실 최근에 치러진 스위스의 몇몇 시민 주도 국민투표는 직접 민주주의를 비판하는 사람들에게 먹잇감이 되었다. 2009년 '미나레트(회교 사원 첨탑) 건설금지법'의 통과가 그 예이다(기권이 46퍼센트 이상 나온 투표에서 찬성 57.5퍼센트로 가결되었다).

그렇지만 논란거리가 된 이 투표는 전체 투표 중 극히 적은 경우임을 알아야 한다. 1970년부터 2010년까지 치러진 국민투표에서 23퍼센트 이상이 사회정책과 관련된 문제이며 약 21퍼센트의 안건은 환경보호와 관련된 문제였다.[06] 또한 앙투안 숄레에 따르면 문제가 되는 것은 직접 민주주의 제도 자체가 아니라 스위스 사회 내부에 자리 잡고 있는 보수주의이다. 그는 "직접 민주주의는 거울과 같아서 투표가 실시되는 그 사회를 반영하는 것이지 결코 다른 사회를 비추고 있는 것이 아니"[07]라고 지적한다. 사회가 동요를 겪거나 폭력적 집단 감정이 표출되는 시기에 특히 소수자의 자유는 침해당할 위험이 있고 퇴보되는 경향이 생겨난다.

그러나 흔히 시민 주도 정치제도에 반대할 때 보기로 드는 외국인 혐오 문제 같은 것이 시민의 속성은 아니지 않는가? 스위스가 미나레트를 금지했던 그 시기에, 프랑스 정부는 반 루마니아 이주민 정책anti-Roms을 펴서 인종차별 혐의로 유럽 위원회의 비난을 받았지만 대의 민주주의 제도에 이의 제기는 없었다. 앙투안 숄레가 강조하듯이 "민주주의를 반대하는 엘리트 세력"에 의한 손쉬운 문제 제기에 대항해 "직접 민주주의를 수호"하는 것은 매우 중요한 문제이다.[08]

/ 당신을 위한 법률을 만들어 드립니다

시민 발의 제도는 서서히 발전을 거듭하고 있다. 핀란드는 2012년 3월 1일 '시민발의법'을 채택하고 시민이 직접 의회에 법안을 제출하거나 제안할 수 있는 권리를 헌법으로 인정했다.* 조건은 6개월 안에 최소 5만 명의 서명(인구의 1.7퍼센트에 해당)을 받아야 한다. 그렇다면 말로만 이상을 떠드는 것이 아니라 실제로 민주주의의 진전을 이루기 위해 이 권리를 사용하고 싶어 하는 국민들을 어떻게 도와줄 수 있을까?

"달리 의회의 관심을 끌지 못하던 문제를 국회가 다루게 되었다는 점에서 이 제도 개혁은 역사적 의미가 있습니다. 하지만 시민

---

* 스위스와 다르게 핀란드는 국민이 직접 법안을 투표하지 않고 의회에 제출하여 의회 대표가 투표한다.

들이 새로운 권리를 충분히 행사할 수 있도록 도와줄 만한 어떠한 지원 장치도 마련되어 있지 않았습니다"[09]라고 민주주의 활동가이자 청년 사업가 요나스 페카넨Joonas Pekkanen은 설명한다. 그는 스타트업 사업가 출신 몇몇 친구들과 '오픈 미니스트리Open Ministry'[10]를 만들었다. 이 온라인 플랫폼은 시민 발의 법안 작성에서부터 의회 제출에 이르기까지 모든 과정을 지원함으로써 시민들이 권리를 구체적으로 행사할 수 있도록 안내하고자 만들어졌다. 요나스 페카넨은 "많은 시민들이 단지 의회 사이트에 들어가서 자신의 제안을 올리기만 하면 모든 게 끝나는 것으로 잘못 알고 있었어요. 법안을 상정하기 위해서 얼마나 많은 검토 작업과 지지자의 동원이 필요한지 생각조차 못하고 있었던 것입니다"라고 말한다. '오픈 미니스트리' 플랫폼은 전 과정에 걸쳐 일반 시민들을 이끌어 준다.

첫 단계로 법안을 발의하고자 하는 사람은 온라인 플랫폼에 자신의 제안을 올리고 다른 사람들의 의견과 제안을 모은다. '오픈 미니스트리'는 법안 발의 희망자들에게 협력의 도구를 제공하여 법안의 공동 생산을 돕는다. 이를 통해 생각에 살을 붙이고 다른 의견과 비교해 보고 마침내 복합적이고 타당성 있는 법안을 만들어 낼 수 있게 된다. "헌법에 보장된 권리를 사용하여 진정한 민주주의의 도약을 이루기 원한다면 법안 작성 초기부터 수많은 사람들과 검토하고 토의해야 합니다. 검토와 토의는 의회에서만 이루어지는 것이 아닙니다"라고 요나스 페카넨은 단언한다. 두 번째 단계로 법안이 법의 형태를 갖추도록 도와준다. 자원봉사 법률가는 시민이 제안한 사항의 법률적 요건을 검토하고 법의 효력을 갖춘 용어로 번역하는 '법률 번역가' 역할을 맡는다. 한편 학자, 연구원, 전문가로 구성된 팀은 법안의 효과를 평가하고 검토한다. 요나스 페카넨은 공동 협력을 통한 법안 작성에 시민을 참여시키고 법률가를 이어 줌으로써, 언론사와 의회가 신뢰할 만한 제안으로 여길 가능성이 눈에 띄게 높아진다고 설명한다. 마지막 단계로 이렇게 마련된 법안이 의회에 상정되려면 최소 5만 명의 서명을 받아야 하는데, 이를 위해 지지자 동원 전략을 세운다.

최소 지지자 기준을 충족한 법안 12건 중 6건이 '오픈 미니스트리' 플랫폼의 참여로 이루어졌다. 동성 간 결혼 법안을 예로 들면, 11만 명의 지지를 얻어 의회에 제출되었고 2014년 12월 의회 승인을 얻어 통과되었다. 어떤 제안들은 '오픈 미니스트리'상에서 특히나 많은 관심을 끌었다. 한 거리 예술가가 제안한 저작권 현대화 관련 법안의 경우, 2012년 10월 특별히 집중적인 공동 검토 작업 대상이 되었다. 1,100명 이상이 제안 초기부터 투표하고 의견을 남겼으며, 수정 작업을 거쳐 기존 법률에 15가지 수정안을 제안했다. 영화 온라인 다운로드 처벌 완화, 저작권법에 따라 보호되는 자료의 풍자 혹은 패러디 목적 사용 허가와 같은 것들이다. "거의 마지막 날까지 5만 1천 명의 서명을 얻는 데 성공해서

의회에 법안을 상정할 수 있었죠"라고 요나스 페카넨은 회상한다. 예술가와 유명 인사 들도 이 시민 입법안에 동조, 참여했다. 그러나 이 제안은 의회에서 부결되었는데, 의원들이 저작권의 엄격한 적용을 요구하는 강력한 로비를 받았기 때문이었다. 하지만 실패는 상대적이다. 이 일은 의원들이 로비스트의 논리만을 듣고 제대로 처리하지 못한 문제가 무엇인지를 깨닫게 해 주었다. 그렇다면 5만 표의 문턱을 넘지 못한 제안은 어떻게 되는가? "'오픈 미니스트리'의 도움으로 그런 제안들도 언론의 커다란 관심을 받았고, 그런 제안들 중 일부는 의원들이 직접 안건으로 상정했습니다"라고 페카넨은 이어 말했다. 온라인 플랫폼은 공개된 곳에서 협력을 가능하게 하며, 여기에서 시민들은 공공의 삶에 영향을 끼치는 법률을 제안하고 토론하고 작성한다. 시민 발의제는 시민사회 프로젝트와 헌법적 권리가 창의적으로 결합한 형식으로, 효과적으로 '민주주의를 민주화'한다.

'오픈 미니스트리'는 처음부터 솔루션을 오픈 소스로 개발했다. 다시 말해 소스 코드 전체에 접근이 가능하여 대중에 완전히 공개되어 있다. 그러므로 원하는 사람은 누구나 (법률가든 프로그래머든 일반 시민이든) 플랫폼 기술 개발에 도움을 줄 수 있고 자신의 경험과 지식을 옮겨 올 수도 있다. 이 모든 것이 프로젝트의 완전한 투명성을 보장하며 신뢰도를 높여 준다. 특히 다른 나라 지역 공동체도 무료로 플랫폼을 재사용할 수 있으며 그들 상황에 맞게 적용할 수 있다. "'오픈 미니스트리'는 조만간 슬로바키아와 이탈리아에서 플랫폼을 열 예정입니다. 이 두 나라는 시민 주도 발의권을 인정하는 나라죠"라고 요나스 페카넨은 덧붙였다. 그는 현재 헬싱키 시청에서 시민 참여 정책을 책임지고 있다.

크라우드 소싱 시대의
법률

　시민 주도 법안은 시민이 법률을 제안할 능력이 있는 '성인'으로 인정받을 수 있음을 보여 준다. 하지만 시민들 대부분은 의회의 문 앞에 머무르고 있을 뿐이다. 상원과 같은 기관은 여전히 폐쇄적으로 남아 있다. 대부분의 법률은 정부 부처 안에서 공무원들과 몇몇 전문가들에 의해 만들어진다. 그런 다음 주로 의회 내 법안 발의자 역할을 맡은 극히 일부 의원들에 의해 처리된다. 의원 활동은 의회 집행부에 크게 의존하고 있으며, 의원들이 조직화된 시민 단체, 노조, 로비스트 등과 관계 맺는 방식은 그 문화가 낯선 이들에게는 절차가 매우 복잡하고 불투명해 보인다.(4장 참조) 이런 '입법 미로' 속에서 시민의 존재는 찾아보기 어렵다.

　법률이 사회 전반에 걸친 규칙을 정한 프로그램이라면, 그 법률의 사용자인 시민에 의해 꾸준히 발전되는 것이 정상이지 않을까? 이런 의미에서 볼 때, 입법 과정은 이제 소수가 밀폐된 곳에서 은밀히 처리하는 방식에서 벗어나 모두가 참여하는 공개 토론 방식으로 바뀌어야 한다. 우리는 이제 협력 입법 혹은 법률 크라우드 소싱*의 시대로 접어들었다. 몇 안 되는 선출직 대표나 엘리트가 아닌 수천의 시민들이 법률 제정 과정에 참여할 수 있게 되었다는 뜻이다. 최대한 많은 개인들이 입법 과정에 참여할 수 있도록 세계 여러 곳에서 열렬한 활동가들이 방법과 도구를 개발하고 개선하는 일에 앞장서고 있다.

/ 고대 그리스 아고라의 재현, 데모크라시 OS

2012년, 아르헨티나의 데모크라시 OS[11] 창설자들은, 시민이 입법기관에 좀 더 가까이 다가갈 수 있는 채널을 제공한 선구자가 되었다. 2장에서 살펴보았듯이, 이 온라인 플랫폼은 상정된 법안을 토론하는 장을 제공하며 대화와 합의를 돕고 전자 투표를 가능하게 한다. 시민들은 이제 쉽고 이해할 수 있는 용어로 법률을 만날 수 있으며, 제안된 법안으로 다른 사람들과 의견을 나누고 토론할 수 있게 되었다. 이 플랫폼은 현재 가장 많은 참여와 논의가 이루어지고 있으며 가장 많은 지지를 받은 의견이 무엇인지 보여 준다. 플랫폼 운영 팀 가운데 한 명인 로드리게스 나르델리는 "단순히 한 가지 선택 위에 다른 선택을 쌓아 올려놓는 것이 민주주의는 아닙니다. 민주주의에는 내실 있고 건전한 공개 토론이 필요합니다. 데모크라시 OS는 진정한 양방향 집단 지성 시스템을 제안함으로써 그것을 가능하게 이끌었습니다"[12]

* 크라우드 소싱은 큰 공동체에서 정보와 자료를 생산하는 과정으로, 오픈 소스 개발자들에 의해 주로 사용되는 모델이다.

라고 말한다. 토론이 완료되면 투표장이 만들어지고, 여기에서 각자 자신의 입장을 정할 수 있으며 자신의 의원이 해당 법안에 '찬성' 표를 던지는지 '반대' 표를 던지는지 확인할 수도 있다. 따라서 데모크라시 OS는 고대 그리스의 아고라를 인터넷으로 재창조하여 모든 사람이 모든 법을 집단적이고 효과적인 방법으로 토론할 수 있게 한다.

2014년 11월, 데모크라시 OS 팀은 부에노스아이레스 시의회(지방의회와 동급) 의장을 설득하여 더욱 폭넓은 주민들의 의견을 듣고 결정하기 위해, 상정된 세 건의 법안 처리에 데모크라시 OS를 사용하게 하는 데 성공했다. 세 건의 법안 중 가장 많은 시민 참여율을 보인 것은 간호사의 일일 근무 시간을 최대 6시간으로 제한하자는 법안이었다. 의료계 종사자는 자신의 일과를 직접 설명할 수 있었고, 법안의 구체적인 실시 방안은 다른 시민들과 의견을 교환할 수 있었다. 예를 들면, 이 법률의 시행에 드는 비용을 어떻게 충당할 것인가, 세금을 인상해야 하는가 혹은 다른 공공 분야 예산을 삭감해서 충당해야 하는가 하는 문제들이다. 데모크라시 OS는 토론을 조직하고 구체화하여 결정을 내리도록 도와줄 뿐 아니라, 이를 통해 결정권자가 충분히 문제를 이해하고 행동에 나설 수 있으므로 여론을 반영하는 훌륭한 창구 역할을 한다.

데모크라시 OS 측의 제안은 성공적이어서, 법률 '크라우드 소싱'이 충분히 가능하다는 점에 전 세계가 설득되기 시작했다. 이 시스템은 오픈 소스로 개발되었으므로 어느 나라에서나 의회가 어떤 방식으로 운영되든지 상관없이 쉽게 적용할 수 있다. 데모크라시 OS는 15개 언어로 폭넓게 사용되기 시작했다. 케냐 국회와 멕시코 연방 정부가 이미 이 플랫폼을 활용한 바 있다.(열린 정부 정책 채택 시 활용) 프랑스에서도 낭테르Nanterre 시에서 시민 자문 프로젝트를 위해 이 전자 플랫폼을 사용했다.

세계적으로 이와 유사한 시도가 전개되고 있다. 타이완의 경우, '프리 인터넷 운동'을 이끌며 '거브제로(g0v.tw, 4장 참조)'를 창설한 오드리 탕Audry Tang이, 전자 플랫폼 '이-룰링e-ruling'을 설계하여 법안을 두고 대만 시민들이 자유롭게 토론하고 제안할 수 있는 방법을 제시했다. 2014년 우버 서비스에 관한 대책 마련을 요구하며, 타이베이 택시 기사들이 교통부 정문 앞에서 항의 시위를 했을 때, 정부가 온라인 토론을 시도해 보고자 거브제로 기술자들을 만났다고 오드리 탕은 증언한다. "우버 택시 서비스에 관한 의견이 극단적으로 나뉘는 상태에서 원론적인 입장을 넘어선 참신하고 효과적인 해결책을 찾고자 대규모 온라인 자문 장치를 조직했습니다"[13]라고 그녀는 이어서 설명했다. 튀니지에는 비정부 단체인 〈보트잇(vot.it.org)〉이 있는데, 이 단체의 사이트 역시 의회에 상정된 법안을 시민들이 온라인으로 투표할 수 있는 기회를 제공하고 있다. 유럽의 경우, 여러 나라 활동가와 프로그래머가 참여한 '디-센트D-Cent[14] 프로젝트'가 시민 협력 오픈 소스 플랫폼을 설계했다.

이 플랫폼은 시민 활동가, 시민 단체, 공공단체 또는 각 의회에서 사용하는 것을 목표로 한다.

/ 시민 법률 자문단

2012년 이래 프랑스에서도 희망하는 상·하원 의원들에게 혁신적 법안 기초 도구를 제공하려는 계획이 진행되고 있다. '의회와 시민Parlement et citoyens'[15] 플랫폼이 그것이다. 이 사이트를 통하면 시민들이 법률을 만드는 과정에 참여할 수 있다. "이미 이것은 인권선언문 제6조에 언급되어 있습니다. …… 1789년부터 말이죠!"[16] 플랫폼 창설자 시릴 라주Cyril Lage는 비꼬듯 말한다. 헌법이나 제도의 특별한 개혁을 바랄 필요도 없이 시민 대다수가 참여하는 법률 제정은 이미 오늘 당장에라도 가능하다는 말이다.

'의회와 시민' 플랫폼은 간단할 뿐만 아니라 일반 시민과 상·하원 의원 모두에게 관심을 끌 만한 도구로 여겨진다. 의원들은 사이트에 자신의 법안을 알리고, 해결해야 할 문제점과 원인, 그리고 해결책을 짧은 영상으로 소개한다. 이어서 사이트 운영 팀은 해당 문제와 관련한 자료와 법률 서적을 참고하여 자문 형식으로 법안을 보완한다. 그러면 '의회와 시민' 사이트에 가입한 시민들은 자문 개시 30일 이내에 의견을 올리고 수정 보완할 사항을 제안하고, 의원이나 다른 시민의 의견에 찬성 또는 반대 투표를 하면서 최초의 제안과 분석에 살을 덧붙인다. 자문 최종 단계에 이르면 '의회와 시민' 팀은 모든 의견을 종합하여 찬성과 반대 요지를 명확히 설명하고 다양한 분석을 내놓는다. 마지막 단계로 가장 많은 표를 받은 의견(의원의 최초 제안에 관한 찬성 또는 반대 의견)을 제시한 참가자 일부를 표본 추출하여 의원과 함께 토론을 한다. 실시간으로 전송되는 토론을 보면서 다른 참가자들은 소셜 네트워크를 통해 해당 의원과 상호 소통이 가능하다. 이 플랫폼의 책임자 티보 데르농쿠르Thibaut Dernoncourt는 "이 대규모 자문 과정을 통해서 의원은 시민들의 의견을 반영한 한층 업그레이드된 법안을 만들 수 있습니다. 이런 방법으로 의원은 의회 내 자신의 활동을 설명하고 플랫폼에서 가장 많은 지지를 받은 제안에 응답할 수 있게 됩니다"[17]라고 설명한다. 이렇게 제안된 법안은 곧이어 전통적 입법 경로를 통해 상정되고 토론에 붙여진다. '의회와 시민'은 상·하원의 투표 결과를 시민들에게 알려 주며 필요할 경우 새로운 법의 적용 여부와 시기도 알려 준다.

이 시도는 큰 성공을 거두었다. 2016년 6월 현재 2만 3천 명 이상이 회원으로 등록하여 1만 건 가까운 제안과 8만 5천 건의 투표가 기록되었다. 서른 명 가까운 의원이 사이트에 참여했으며, 다양한 분야를 다룬 법안이 이곳에서 논의된 후 의회에 상정되었다. 순환 경제, 살충제 사용, 공공 데이터 개방 관련 법안 등이 그 예이다. 이제 시작일 뿐이다. '의회와 시민' 팀의 포부가 대단하다. 그들은 2017년까지 최소 100명 이상의 의원이 이 사이트를 정기적으로 활용하여 적극적인 시민 공동체와 협력하에 법률을 제정하기를 희망하고 있다.

시릴 라쥬는 "우리를 필요로 하는 곳이 의회만은 아닙니다. 다양한 곳에서 우리에게 도움을 요청합니다. 다양한 기관들이 내부 토론과 검토를 위해 우리 플랫폼 이용을 희망하고 있으며 공공 단체들도 같은 요구를 하고 있죠. 이에 따라 우리는 우리 기술과 방법을 전파하기 위해 〈캅콜렉티프Cap Collectif〉[18]라는 스타트업 기업을 시작했습니다"[19]라고 말한다. 2015년 악셀 르메르Axelle Lemaire 정무차관이 '디지털공화국법'을 제안했을 때, 이 법안의 공동 입법을 위해 프랑스 정부는 '의회와 시민' 플랫폼을 이용했다. 3주 만에 2만 명이 참여하여 8,000건의 의견과 개선점, 새로운 조항 등을 제안했으며, 14만 건 이상의 투표가 이루어졌다. 플랫폼에서 논의가 이루어진 후 최초 법안의 거의 모든 조항이 정부에 의해 다시 손질되었으며 11개 조항(그중 5개 조항은 시민의 제안이었다)이 법안에 추가되었다. 또한 정부는 가장 많은 지지를 받은 250개 제안에도 응답을 보냈다. 그 이후 다른 여러 법안이 같은 방식으로 제안되었는데, 그중에는 2015년 12월에 세골렌 로아얄Ségolène Royal 환경부 장관이 제안한 '생물다양성회복 및 자연경관보호를위한 법안'이 대표적이다.

이런 방식의 장점은 무엇인가? '의회와 시민'은 시민사회의 '집단 지성'을 동원하여 법안의 질을 향상시키는 데 기여한다. 도미니크 랭부르Dominique Raimbourg 사회당 의원에 따르면, 가장 대표적인 예로 2013년 4월 플랫폼에서 논의되었던 '교도소의 이용과 그 대안' 관련 법안이 있다. 랭부르 의원은 "법안마다 미처 살피지 못했던 사항이 있었고 예상하지 못했던 의견들이 제안되었으며, 고려하지 못했던 경험들이 언급되었죠. 따라서 경험과 지식, 분석과 제안을 실질적으로 나눌 수 있는 사람들의 수를 더 늘릴 필요가 있습니다"[20]라고 덧붙였다. 악마는 때로 사소한 것에 숨어 있다.

시민의 참여가 주는 이점을 가늠하게 해 주는 구체적인 예를 보자. 2013년, 환경론자인 조엘 라베Joël Labbé 상원 의원은 마을 공동체의 살충제 사용과 살충제의 민간 판매 금지법을 제안하였다. 그러자 온라인 토론에 참여한 한 사람이 법안의 위험성을 지적하고 나섰다. 그에 따르면, 만약 법안이 그대로 통과될 경우 마을 공동체는 살충제 사용을 외부 대행업체에 맡김으로써 살충제 사용이 더 늘어날 수도 있으므로 법 조항을 수정해야 한다는 것이었다. 상원 의원은 그의 제안을 받아들였고 법의 애초 취지가 어긋나 잘못된 결과가 생길 위험을 방지할 수 있었다.

또한 온라인 플랫폼은 대표권을 위임한 사람과 위임받은 사람 사이를 다시금 단단히 이어 주는 새로운 해결책을 제공한다. 온라인 자문 도구를 이용한 덕분에 정치 책임자들과 시민 사이에 신뢰가 형성된 것이다. 시릴 라쥬는 이렇게 말한다. "시민들은 도움을 요청받으면 기꺼이 자신의 역할을 맡아 합니다. 지금까지 플랫폼 상에서 중재가 필요했던 경우가 거의 없었죠. 기존의 소셜 네트워크상에서는 정치인들도 종종 집단 조리돌림의 희생양이 되곤 했습니다. 그런 인터넷 네트워크가 정치 토론의 도구가 될 것이라고는 여겨지지 않았으나 '의회와 시민' 플랫폼상에서는 자동 조절과 긍정적 대항 의식이 자리 잡았습니다."[21]

끝으로 온라인 참여를 통한 이런 접근은 정치 대표들의 역할과 활동을 강화하는 효과가 있다. 시릴 라쥬는 "'의회와 시민'에서 조직된 토론과 자문을 통해 모든 시민들이 반드시 같은 생각을 갖고 있지는 않으며 따라서 중재자가 필요하다는 점을 사람들이 깨닫게 됩니다. 그리고 보통선거를 통해 당선된 의원이 매우 자연스럽게 그 역할을 담당할 수 있죠"라고 설명한다. 플랫폼에 참여한 의원들은 이와 같은 협동 활동이 정치적 정당성을 부여하는 새로운 기준이 되었음을 깨달았다. 모니크 라뱅Monique Rabin 하원 의원은 "내가 모든 사람들을 위한 입법자이며, 일개 지역구의 대표자가 아님을 알게 되었다"[22]라고 고백한다.

이 온라인 정치 도구의 이점에 매료된 도미니크 랭브르 의원은 국회 내에 공동 입안을 위한 실무 그룹을 조직했다.* 이 그룹은 온라인 정치 공조 운동을 지지, 강화하기 위한 제도 개선 방안을 마련하는 작업을 한다. 파트리스 마르탱-랄랑드Patrice Martin-Lalande

같은 일부 의원은 심지어 모든 방안마다 온라인 입법 조언을 거치도록 시스템화하자는 주장을 하고 있다.

* 랭브르 의원은 '시민 발의자'를 구상하고 있다. 시민 발의자는 시민사회와의 대화를 책임지고 시민들이 가장 원하는 제안을 의회와 소위원회에 실시간으로 직접 올리는 일을 담당한다. 또한 그는 법안의 상정과 위원회의 검토 사이 기한을 늘려서 원하는 사람은 누구나 그 과정에 참여하여 의견을 제시할 수 있도록 하는 방안을 고려하고 있다.

시민
입법부

2015년 11월 13일 파리에서 벌어진 테러로 프랑스 대통령은 헌법을 개정하기로 했다. 테러 사건 이후 정부의 대책은 안전에 초점이 맞추어졌다. 정부가 제안한 개정안(특히 긴급사태 관련 법규)은 기존 헌법을 큰 폭으로 수정한 내용을 담고 있고 프랑스에서 출생한 이중국적자의 국적 박탈(최종적으로 채택되지 않았다)과 같은 일부 조항은 극우파로부터 '차용한' 제안이었다. 타당성이나 적절한 대책의 토론 없이 헌법 개정 문제가 고스란히 정부와 의회 사이에서 비공개적으로 진행되었다는 사실이 놀라울 따름이다. 국가 전체의 운명을 결정하는 이 같은 중대한 문제를 두고 프랑스 정치권은 국민에게 의견을 묻고 조언을 구할 생각을 단 한 번도 하지 않았던 것이다.

불행하게도 이런 일은 종종 일어난다. 민주주의 제도 자체(헌법, 선거법, 정당자금지원법 등)를 개혁하는 일은 대부분 정치권과 정부 손에서 이루어진다. 그런데 자신들의 직무, 직위를 결정하고 법률을 개혁해야 할 때에 정치권은 적절한 변화를 이끌어 내지 못했다. 정치권에 대한 일반적인 신뢰 저하는 정치권이 시도하는 모든 정치 개혁의 불신으로 이어졌다. 특히 정치권은 일종의 '판사 겸

이해 당사자'이기에 더욱 그러했다. 캐나다 사람들이 흔히 하는 표현으로 '크리스마스 식사 준비를 암칠면조에게 부탁하지 않는다'라는 말이 있다. 정부 기관이 스스로 자기 자신을 개혁하는 일은 불가능하다는 뜻이다. 카후작 스캔들*이 낳은 엄청난 사회적 파장 이후 정치권은 2013년 9월 공직 투명성 확보와 관계된 법률을 채택했는데 당시 정치인들은 이 개혁법이 자신들에게 가져올 충격파를 최소화하고 축소하려고 온갖 방법을 동원했다.

상황이 이런데도 우리의 민주주의 시스템과 '함께 살기' 위한 법률 개혁을 정치인 손에만 맡겨둘 수 있을까? 대답은 물론 '아니오'이다. 사안의 중대성과 복잡성에 비추어 볼 때, 전통적 틀에서 벗어나 시민의 역할을 강화시킬 방법을 논의할 필요가 있다.

/ 비전문가가 효율적이다

민주주의 위기를 해소할 방편으로 고대 아테네에서 꽃피웠던 민주 대원칙이 오늘날 다시금 조명받고 있다. 바로 규범의 제정 임무를 (주로 추첨으로 뽑힌) 평범한 시민에게 맡기는 것이다. 아테네에서는 모든 입법 과정이 정치인이 아닌 비

---

* 2013년 3월, 《메디아파르트Mediapart》라는 온라인 언론사가 조세 포탈 척결을 공언하며 당선된 프랑수아 올랑드 사회당 정부의 예산 담당 제롬 카후작Jérôme Cahuzac 장관을 고소했다. 스위스와 싱가폴 비밀 계좌에 미신고 자금을 은닉했다는 이유였다. 카후작은 장관직을 사임하고 조세 포탈에 따른 자금 세탁 혐의로 조사를 받았다.

전문 시민의 손에 달려 있어서 법률, 예산, 전쟁과 평화가 에클레시아(ecclesia, 민의회)에서 투표로 결정되었다. 당시 시민 회의는 4만 명의 시민(외국인과 여자 제외)으로 구성되어 있었으며 그중 보통 6천 명 정도가 회의에 참석했다. 에클레시아에 제출된 법률은 불레(boule, 고대 그리스 입법 회의)의 구성원 500인이 제정하였는데 이들은 일반 시민 가운데 1년 임기로 추첨된 사람들이었다. 법안의 적법성은 마찬가지로 추첨으로 뽑힌 일반 시민으로 구성된 시민 법정에서 검토했다.

고대 아테네 인들은 비전문인에 의해 다스려지는 입법 시스템의 효율성을 경험으로 증명했다.[23] 한편으로는 권력의 집중과 소모적 정치 논쟁을 피하면서, 더 많은 시민들의 참여를 독려하고 그들의 정치적 인식과 책임감을 고양시켰다. 법률 제정 권한을 가진 시민은 종종 복잡한 사안을 두고 회의를 반복해야 했고 이때 강조된 덕목은 토론과 협력이었다.

2004년부터 2007년 사이, 캐나다 브리티시 콜롬비아 주와 온타리오 주, 그리고 네덜란드에서는 전국 각지 모든 계층에서 추첨된 사회 직능 대표들이 국가와 지방의 선거법 개정에 관해 의견을 냈다. 정치권은 이 문제의 직접적 이해 당사자이므로 제대로 된 태도를 취하지 못하는 것이 당연한 일이었다. 1년 가까이 정기적으로 회의가 열릴 때마다 큰 금액(400만~500만 유로)이 지원되었다. 참석자들은 전국의 전문가들과 여러 차례 만나면서 회의 주제에 익숙해지고, 전문 진행인의 주재로 수많은 토의가 거듭된 끝에 구체적인 제안을 제시할 수 있었다.

캐나다와 네덜란드에서 보여 준 민주주의 1세대 실험은 평범한 시민들이 자국의 복잡한 기본 법규 제정에 직접 관여할 능력이 있음을 증명하는 선례가 되었다. 브리티시 콜롬비아 주 시민 회의 연구 책임자 케네스 카티Kenneth Carty는 "1년이라는 집중된 작업 기간에 시민들은 선거 개혁 문제에 놀랍도록 진지하고 열성적 태도로 참여했습니다. 그리고 기회가 주어진다면 다시 한 번 참여하고 싶다는 희망을 피력했죠. 그들의 제안은 내용상 깊이 있고 기술적으로 정확했으며 매우 세심해서 전문가 못지않았습니다"[24]라고 회상한다.

이 개혁안은 내용이 뛰어났음에도 국민투표에서 부결되고 말았다. 이 결과를 어떻게 설명할 수 있을까? 가장 큰 문제는 토론 과정이 여론과 동떨어져 비공개 진행되었다는 점이다. 다비드 판 레이브룩은 국민투표에 참여한 시민들이 토론의 진행 과정을 알지 못했다는 점을 지적한다. "기표소에서 드러난 가공되지 않은 민심은 토론 과정에 개입했던 시민들의 신중한 의견과 뚜렷하게 대비되었습니다."[25] 추첨 선발된 시민 회의는 자신들의 토론 전 과정을 국민들에게 알리고 완전한 투명성을 유지할 수단을 갖추어야 한다. 또한 시민 회의의 작업이 결실을 보려면, 이런 정치적 실험에 회의적인 태도를 보이는 정치권에게도 신뢰감을 주어야 한다. 일련의 토론 과정에 정치권의 자리도 마련해 준다면 정치권의 믿음을 강화할 수 있고 민주주의 혁신도 성공할 가능성이 높아진다.

몇몇 나라의 대담한 실험에서 도움을 받아 최근 두 나라에서 진행된 시도는 그야말로 의미 있는 진전을 이루었을 뿐 아니라 법을 제정하는 방식에 있어서도 커다란 변화를 불러일으켰다. 그 첫 번째는 2010년 시작된 아이슬란드 신헌법 제정 작업이고, 두 번째는 2013년 에스토니아에서 있었던 정당 운영과 시민 정치 참여 개혁이다. 두 나라에서 실시된 실험은 국민 전체가 참여한 국가 차원의 개혁이었다.

/ 아이슬란드 시민 헌법 2.0

아이슬란드는 현대 세계사에서 한 번도 실행된 적 없는 전대미문의 중대한 정치 실험을 단행했다. 바로 고대 아테네에서 실시되었던 민주 정치 전통을 부활시키는 것이었다.

아이슬란드의 정치 개혁이 어떻게 시작되었는지 거슬러 올라가 보자. 전례 없는 경제성장으로 세계 최고의 생활수준을 자랑하던 아이슬란드 국민들은 2008년 갑자기 단꿈에서 깨어 현실을 자각하게 되었다. 그동안 국가 경제가 엄청난 부채와 투기 자본을 바탕으로 이루어졌다는 사실을 깨달은 것이다. 아이슬란드에 경제 위기가 현실화되자 상점에서 생필품을 구하기가 어려워지고, 크로나 화의 가치가 유로 화 대비 거의 60퍼센트나 하락하였으며, 인구 33만 명의 이 작은 섬나라는 전례 없이 높은 실업률에 시달리게 되었다. 분노한 주민들이 숟가락과 냄비를 들고 2008년 10월 국회 입구의 아우스투르빌루르Austurtvöllur 광장에 모여들었다. 그들은 곧 부패 스캔들에 연루된 정부, 국회의원, 중앙은행장 등 정치 세력의 교체를 요구하며 뛰쳐나온 수천 명의 열성적 시위대와 합류했다. 전국을 뒤흔든 대규모 시민 시위로 이듬해 1월 결국 총리가 사퇴하기에 이르렀다.

국민들은 은행법 개혁뿐만 아니라 민주주의 운영 체계의 근본적인 변화를 요구했다. 따라서 모든 토론의 중심점은 개헌으로 모아졌다. 부패한 시스템의 원인을 직접 손댈 수 있는데 무엇 하러 증상만을 다루며 시간을 낭비할 것인가? 비정부 단체인 〈헌법사회The Constitutional Society〉를 창설하고 개헌을 위한 시민 참여를 독려해 온 다오이 잉골프손Daoi Ingolfsson은 "서둘러야 합니다. 아이슬란드의 민주적 시스템이 더는 작동하지 않고 있습니다"[26]라고 주장했다. 대다수 국민들과 마찬가지로 그 역시 2003년 아이슬란드의 이라크 전 참전에 큰 충격을 받았다. 당시 아이슬란드는 겨우 장관 두 명이 의회나 국민들의 동의도 구하지 않은 채 미국 편에 서서 이라크 전 참전을 결정했던 것이다. 잉골프손에 따르면 1955년 덴마크에서 분리 독립된 바로 다음날 서둘러 채택된 아이슬란드 헌법은 말 그대로 '덴마크 헌법의 복사본'에 지나지 않았다. 임시 헌법으로 여겨졌던 아이슬란드 헌법은 기회가 닿는 대로 가장 먼저 손을 보아야 할 대상이었으나, 2009년에 이르기까지 약속은 지켜지지 않았다. 국민들의 합의를 이끌어 내기 어렵다는 이유로 그동안 모든 정부는 개헌 문제를 본격적인 논의의 테이블 위에 올려 놓기를 꺼려 했다.

이번에는 헌법을 수정해야 한다는 국민들의 강력한 요구가 있었다. 현재의 국가 상황에 적합하면서 국민들의 합의를 이끌어 낼 한층 민주적인 헌법을 만든다는 것은 결코 쉬운 일이 아니었다. 당시 정치권은 국민의 신뢰를 완전히 잃은 상태였고 그토록 중대한 개헌을 추진하기엔 역부족으로 보였다. 따라서 2009년 들어선 아이슬란드의 첫 좌파 정부는 직접 시민 대표를 뽑아서 이들에게 개헌 법안 마련의 권한을 주기로 결정한다. 세계에서 처음으로 국민 스스로 헌법 토대의 시작부터 끝까지 전 과정을 담당하게 된 것이다.

채택된 방식을 보면 지금까지 보았던 어떤 방식보다도 가장 모범적인 것으로 여겨진다. 신중을 기하기 위해 여러 가지 보완책을 마련해 놓았다.

• 연속되는 두 시민 의회를 구성하여 국가의 건국이념과 국가의 미래를 위해 추구해야 할 지향점을 논의하도록 한다.

- 비정치적 시민 위원회를 선출하여 헌법 문안을 기초하도록 한다.
- 인터넷을 통해 국민들의 대중적 참여를 유도한다.

　정치 · 경제적으로 심각하게 불안정한 상황에서 국민들을 하나로 결집시킬 기본 가치가 무엇인지 자문해 볼 필요가 있었다. 열성적 단체인 〈생각부서Ministry of Ideas〉의 강력한 추진 아래 2009년 아이슬란드에는 진정한 민주주의 열기가 온 나라를 휩쓸었다. 교육 현장의 참여도 적극적이었다. 학생들에게 완전히 새로운 과제가 주어졌다. 거의 50퍼센트의 학교가 참여한 그 과제는 학생들이 부모나 가까운 사람들과 아이슬란드의 가치와 미래를 두고 대화를 나누는 것이었다. 각 가정에서 이루어진 활발한 토론에 뒤이어 〈생각부서〉와 다른 시민 단체가 연합해 〈개미집Anthill〉이라는 조직이 결성되었다. 〈개미집〉은 일반 시민들로 구성된 국민의회를 결성하여 여기에 개헌에 관한 의결권을 주기로 결정했다. 〈개미집〉이 보여 주고자 했던 것은 오직 집단 지성과 최대 다수의 참여만이 위기로부터 국가를 구해 낼 수 있다는 믿음이었다. 2009년, 시민들 1,500여 명이 모여 하루 종일 국가의 기본 이념과 가치, 민주주의, 교육, 경제와 환경의 미래를 놓고 토론을 벌였다.[27] 이런 다양한 시도를 통하여 "아이슬란드 국민 절반이 미래에 대해 고민했"[28]다며 이 행사 조직 위원 가운데 한 사람인 토르길스 블룬다르손Thorgils Volundarson은 감격스러워했다.

6개월이 지나고 2010년 11월, 정부는 국가의 주요 현안과 국민들이 희망하는 변화를 의결하기 위하여 국민의회를 본 딴 의회를 구성하겠다고 발표했다. 이번에야말로 헌법 개정의 공식 토대를 마련하겠다는 의지를 밝힌 것이다. 인구 비례에 맞게 지리적 요소, 다양한 직업과 계층을 고려하여 남녀 시민 천여 명이 뽑혔다. 아이슬란드 사회의 다양한 경험과 삶을 대변하는 이 시민 의회는 타성에 젖은 기성 정치인들의 행태를 벗어나 다시금 새로운 지평을 열었다. 이를 통해 강력한 몇 가지 규정들이 마련되었다. 예를 들면 '평등한 투표권'(아이슬란드에서는 그때까지 특정 지방 유권자들의 투표권이 다른 지역 유권자들의 투표권보다 더 큰 영향력을 행사했다)이라든지 '천연자원의 공동 소유권과 보호'(경제 위기 이전에는 천연자원이 사유화되어 있었다) 등이다. 뿐만 아니라 '진정한 의미의 권력분립과 선출직 공무원들의 권력을 이용한 사익 추구 금지'[29] 조항 역시 추가되었다고 시민혁명 시위의 대변인이자 시인이며 시민운동 활동가이고 이후 해적당 국회의원이 된 비르기타 욘스도티르는 설명한다.

　또한 시민 의회는 헌법 개정을 위한 기본 절차를 마련했다. 시민이 헌법의 문헌 기초 작업에 직접 책임자로 참여하여야 하며 원하는 사람은 누구나 의견을 밝힐 수 있어야 하고, 새로 기초된 문헌은 의회가 아닌 국민투표에 부쳐져야 한다는 점을 분명히 했다. 이를 위해서는 국민적 열망을 담은 새로운 헌법 기초에 적극 참여하여 기꺼이 시간을 할애할 준비가 되어 있는 대표들을 불러 모아야 했다. 따라서 2010년 11월 이 작업을 담당할 시민들을 선출했다. 이미 선출직에 당선된 사람들과 현직 정치 책임자를 제외한 사람들은 500명 이상의 추천을 받으면 누구라도 후보로 나설 수 있었다. 예상보다 훨씬 많은 523명의 후보자가 최종 지원했고, 이 중 25명(교수, 기자, 의사, 기업 대표, 그리고 사제도 있었다)이 선출되었다. 새로운 헌법 기초의 최종 책임을 비전문가 집단인 이 위원회에 맡김으로써 관련 논의가 정치권으로 옮겨져 정쟁의 대상이 되는 것을 방지했다.

2011년 4월부터 7월까지 위원회는 매우 적극적으로 일했다. 심사숙고를 위해서 7명으로 구성된 전문가 그룹의 준비 작업과 2010년 시민 의회가 정한 로드맵의 도움을 받았다. 무엇보다도 중요한 점은 성공적인 헌법 개정을 희망하는 모든 국민들과 긴밀하게 협조했다는 사실이다. 선출 대표 25명의 작업은 공개적이고 전적으로 투명하게 진행되었다. 모든 회의가 대중에게 공개되었으며 소셜 네트워크를 통해 곧 바로 전송되었다. 문서 초안이 주마다 그대로 인터넷에 공개되었다. 시민들은 해당 사이트에 이메일을 보내거나 페이스북, 트위터를 통해 의견을 남기거나 개선안을 제안할 수 있었으며 위원회 멤버는 네티즌들의 의견에 답변을 했다. 31만 7천 명의 아이슬란드 인구 중에 12퍼센트 이상이 자그마치 4천 건 이상의 의견을 남겼다. 아이슬란드 대학 경제학과 교수이자 헌법위원회에 선출된 25인 중 한 명인 토르발두르 길팔손Thorvaldur Gylfalson 교수는 다음과 같이 증언했다. "우리는 수천 건의 우편물과 웹 사이트를 통해 의견을 받았습니다. 그토록 많은 국민들의 관심과 참여는 우리에게 무척 고무적인 일이었죠."[30] 이러한 혁신적 시도로 25인 위원회의 업무가 '블랙 박스' 안에 갇혀 묻히지 않고 아이슬란드 사회 전반에 이르는 대대적 참여를 유도할 수 있었다.

그뿐만 아니라 매우 공개적으로 진행된 덕에 로비의 영향력, 특히 금융권의 영향력이 크게 제한되었다. 길팔손 교수에 따르면 그 이유는 다음과 같다. "그들(금융권을 비롯한 로비스트)도 다른 개인이나 기관과 동등하게 자신의 의사를 피력할 권리가 있었습니다. 그러나 그동안 각종 특혜와 전통적인 의회의 '비호'를 누리는 데 익숙해져 있었기 때문에 투명한 절차에 동요된 그들은 전반적으로 모두 거리를 둔 채 별다른 영향력 행사를 시도하지 않았습니다."[31]

위와 같은 과정 끝에 마침내 9장 114항으로 이루어진 헌법 원문이 완성되었다. 2010년 시민 의회가 규정한 원칙을 모두 포함한 헌법이었다. 단 4개월 안에 헌법위원회 위원 25명의 만장일치로 새로운 헌법안이 채택되었으며 2011년 7월 국회에 상정되었다. 정치권이 50년이 넘도록 실현하지 못했던 개혁을 국민들은 단 몇 달 만에 성공적으로 이루어 냈다.

새로운 헌법은 시민 주도의 국민투표와 같은 매우 철저하고 섬세하며 진보적인 민주 시스템을 도입했다. 또한 다양한 분야에서 의미 있는 진전을 제시했다. 정보 제공의 자유, 공직 인사 업무의 공정성, 주요 정부 기관의 독립성 등이 있다. 새 헌법은 천연자원의 국가 소유를 규정함으로써 공공재산의 사유화를 막았는데, 과거 금융 위기 이전 아이슬란드는 공공재산의 사유화를 인정함으로써 어업의 자본화라는 결과를 낳은 바 있다. '비교 헌법 프로젝트'[32]라는 공동 프로젝트에 참여했던 미국 학자들은 아이슬란드의 신헌법이 "아이슬란드의 역사와 전통에 단단히 뿌리내리고 있으면서" 동시에 "모든 국가적 결정에 국민들을 참여시킬 정도로 가장 진보적인 헌법 중 하나"[33]라고 평가했다.

비록 국회가 이 신헌법 안을 국민투표에 부치기까지 1년 이상 걸리긴 했어도 투표 결과는 대성공이었다. 2012년 10월 20일 치러진 투표에서 67퍼센트 유권자가 신헌법 개정안에 찬성표를 던졌다. 또한 세부 항목 중에서 천연자원의 국가 소유권 인정(83퍼센트 찬성), 직접 민주주의(73퍼센트 찬성), 특정 지역 유권자가 나머지 지역 유권자보다 2배의 투표권을 갖는 불평등을 막기 위한 '1인 1표' 원칙(67퍼센트 찬성) 등도 지지를 받았다. 헌법 개정 과정에서 보여 준 개방성과 투명성의 효과는 국민투표에서 국민들의 확고한 지지로 나타났다. 이제 국회가 신헌법을 채택하는 일만이 남아 있었다.

그러나 기존 정치권이 자신의 권리를 행사하기 시작하면서 문제가 시작됐다. 아이슬란드에서는 헌법 개정을 위해 두 번에 걸쳐 국회의 동의를 받아야 한다. 첫 번째는 기존 국회의 동의이고, 두 번째는 조기 총선 이후 구성된 새로운 국회의 동의이다. 그런데 국회는 신헌법 안에 관해 투표를 하지 않았다. 토르발두르 길팔손 교수는 "63명의 의원 중 32명은 자신의 임기 만료 전 투표를 하겠다고 공개적으로 약속하고 문서로도 발표했으나 약속은 지켜지지 않았습니다. 그야말로 민주주의 강탈 사건이었습니다"[34]라고 분개한다. 개헌 반대 입장이었던 다수당은 개헌 저지 전략을 채택했고, 결국 이 안건은 국회 의제로 상정되지 못했다.

　다비드 판 레이브룩은 이에 다음과 같은 말을 남겼다. "가장 극렬한 반대파는 언제나 정치권과 상업적 언론이라는 사실이 증명되었다. 시민사회는 더 많은 시민의 참여를 희망하는 데 반해 정치권과 언론은 종종 무시하는 태도를 취한다. 그동안 스스로 여론의 수호자임을 자처하며 자신들이 누려 왔던 온갖 특혜를 내려놓고 싶지 않아서 그러는 것이 아닐까? …… 위에서 결정하고 아래로 전달되는 시스템에 익숙해져 있는 사회에서는 그 반대 상황인 아래에서 위로 올라가는, 즉 시민들이 주도하는 상황이 벌어지면 더 쉽게 동요되기 때문일까?"[35]

　다행스럽게도 아이슬란드 정치권에 급부상한 해적당 덕분에 개헌안은 폐기되지 않고 살아남았다. 창당 이래 개헌에 적극 동조해 왔던 해적당은(제1당) 다음과 같은 계획을 세운다. 차기 총선(파나마 페이퍼스 스캔들(4장 참조) 이후 총선이 2016년 가을로 앞당겨졌다)으로 구성된 의회에서 헌법안에 투표를 한 뒤 의회를 해산시키고 다시 한 번 총선을 치른다. 그리고 새로운 의회에서 두 번째 투표를 함으로써 연속된 두 의회의 승인을 얻도록 한다는 계획이다.

/ 에스토니아의 시민 학교, 정치를 바꾸다

민주주의 실현을 위해 투쟁하는 수많은 활동가들에게 아이슬란드의 경험은 커다란 자극을 주었으며 민주적 정책과 법 규정을 다시 생각하게 하는 계기가 되었다.

2013년 초 에스토니아에서는 자국의 민주적 시스템 확립을 위한 야심찬 계획을 준비했다. 집권 여당이 개입된 금융 스캔들로 크게 분노한 국민들은, 정치권의 투명성과 더욱 강력한 정당 통제, 그리고 더욱 확대된 시민들의 참여를 요구했다. 이러한 개혁을 단행하기에 에스토니아 의회 '리기코구Riigikogu'가 적당하지 않음은 분명한 사실이었다. 사실상 개혁이 단행되면 기존 정당들이 타격을 입을 것이 분명했고, 현재 겪고 있는 문제의 직접 당사자인 정치권의 손에 자국 민주주의의 미래를 맡기는 것은 에스토니아 국민들이 바라는 바가 아니었다.

2013년 1월, 투마스 헨드릭 일베스Toomas Hendrik Ilves 에스토니아 대통령은 국민들이 자국의 정치 발전을 위해 구체적으로 어떤 변화를 희망하는지 직접 물어 보기로 결정하고 국민들의 제안을 자신이 직접 의회에 제출하겠다고 약속했다(헌법에 따르면 국민이 직접 의회에 법안을 제출하는 것은 불가능하다). 에스토니아의 정치 개혁 과정 특징을 보면 시민들의 독립적 활동은 보장하면서도 그 과정에 정치권의 개입을 인정해 주었다. 프로젝트의 지휘권은 여러 시민 단체가 가졌고 국회의 4개 정당과 정부 각료들은 진행 과정에서 결정을 내리는 일에 제한적으로 참여했다. 아이슬란드와 마찬가지로 에스토니아도 국민들로부터 적극적으로 의견을 구했다. 시민들에게 구체적인 법률 제안을 요청했으며 추첨으로 뽑힌 시민들로 시민 의회를 구성했다.

첫 단계로 선거제도와 정당 운영 및 정당 운영 자금과 관련된 개혁뿐만 아니라 '시민 의회L'Assemblée du peuple' 사이트(사실상 아이슬란드 플랫폼 '당신의 우선순위Your Priority'(5장 참조)를 변형한 형태)를 통해 정부의 정책 결정 과정에 시민들의 참여를 보장할 방법에 관하여 의견을 물었다. 그 결과 3주에 걸쳐 6만 명이 사이트를 방문했다. 이중 6,000명이 2,000건 이상의 제안을 제시했다. 제안된 모든 의견은 일일이 분석해 카테고리 별로 재분류한 뒤, 제안들이 적용됐을 경우 사회·경제적 영향을 연구했다. 플랫폼상에서 가장 많이 언급된 제안들은 전문가, 교수, 법률가, 그리고 정당 대표 들이 내놓은 것들이며, 이들은 이후 이어진 '토론 주간'에 참여하여 18

가지 핵심 사항을 추려 냈다. 그다음 인구 비례에 따라 선출된 314명의 시민들이 2013년 4월 6일 '토론의 날' 회의에 참석하여 의견을 밝혔다. 참석자들은 10명씩 소규모 그룹으로 나뉜 뒤 전문가의 중재에 따라 각 제안의 장점과 단점을 하루 종일 토론했다. 최종적으로 처음 18개 항목 중 15개 제안이 선별되어 에스토니아 의회에 제출되었다. 그중 여러 개가 채택되어 실행에 들어갔다.

〈정책연구실천센터Praxis Center for Policy Studies〉의 이름으로 이 민주운동 착안의 책임을 맡았던 힐레 힌스베르그Hille Hinsberg는 다음과 같이 회상한다. "언론이 엄청나게 열광했습니다. 기자들은 희망에 들떠서 이 전대미문의 정치제도 개혁이 정치 상황과 민주적 시스템의 도입에 항구적인 변화를 일으키게 되기를 바랐죠."[36] 마침내 시민들의 참여로 진정한 의미의 정치 활성화가 이루어졌다. 특히나 새로운 참여자에게 정치권이 문을 개방함으로써 시민들의 정치 참여 가능성을 눈에 띄게 높였다. 정치 단체 창설에 필요한 인원을 1,000명에서 500명으로 낮추었고 국민투표에 필요한 지지자의 숫자도 낮추었다. 게다가 최소 1,000명 이상이 서명한 청원서를 기본으로 하는 안건 발의법도 도입하였다. 결과가 바로 나타났다. 두 개의 정당이 새로 생겨났으며, 새로운 시민 발의권에 따라 제출된 첫 번째 청원서가 2015년 2월 19일 의회에서 통과되었다(세금 행정법 수정안으로 1,300명 이상의 서명을 받아 제출되었다).

에스토니아와 아이슬란드의 경험은, 일반 시민들의 토론이 얼마나 큰 힘을 발휘할 수 있는지 잘 보여 준다. 정치에 문외한인 시민들이 모여 인내심을 가지고 자신과 상반되는 의견을 가진 사람의 의견을 경청하고, 대화를 통해 상대방의 관점을 이해하려 노력함으로써 결국 매우 적절하고 구체적이며 훌륭한 제안을 내놓기에 이르렀다. 아일랜드, 캐나다, 에스토니아와 아이슬란드에서 만들어진 법안이 얼마나 풍부하고 훌륭한지 살펴본다면 누구라도 동의하지 않을 수 없을 것이다. 다양한 과정을 통해 시민들을 선출했고 디지털 방식을 도입해 시민 참여가 더욱 쉬워졌다. 참가자들의 집단 지성은 한층 더 고취될 수 있었다. 게다가 시민들은 확실한 독립성과 자유를 보장받았다. 한 번 뽑혀 참여한 사람은 다시 참여하지 않아도 되기 때문에 선출의 압박에서 벗어나 공공의 이익을 위해 좀 더 편안하게 일할 수가 있다.

/ 추첨 민주주의의 부활?

아이슬란드나 에스토니아의 경우는 유럽에서 가장 인구가 적은 나라였기 때문에 가능한 일이라는 반박을 흔히 듣는다. 사람들은 프랑스처럼 큰 나라에서 이런 과정을 어떻게 적용시킬 수 있겠느냐는 의견을 내곤 한다. 아이슬란드 헌법 개정 작업에 주도적으로 참여했던 토르발두르 길팔손은 비판을 반박하며 "오늘날 서구 민주주의 국가들은 인터넷이 충분히 발달되어 있으며 대규모 전자 시스템을 운용하기에 충분한 수준을 갖추고 있습니다"[37]라고 단언한다. 시민 추첨의 경우 인구가 35만 명인 나라에서나 6천만 명인 나라에서나 모두 적용할 수 있다. 이런 시도는 무엇보다 추첨을 믿을 만한 민주적 절차로 여긴다는 점에서 문화적 도전이기도 하다.

물리적 공간 혹은 인터넷상에서 조직된 일반 시민 그룹에게 중요한 법률의 제정을 맡긴다는 생각은 점차 공고해지고 있다. 2013년 아일랜드에서는 추첨으로 선발된 66명의 일반 시민과 아일랜드 공화국 및 북아일랜드의 정치인 33명으로 구성된 의회가 헌법 수정 조항을 제안했다. 주요 제안 중 하나는 동성애자 결혼 승인과 관련된 것이었는데(그때까지 아일랜드 헌법은 동성애자 결혼을 금지하고 있었다), 이 조항은 2015년 5월 22일 치러진 국민투표에서 아일랜드 국민의 전폭적인 지지(62퍼센트 찬성)로 승인되었다.

그리고 의회의 제안에 따라 정부는 두 건의 새로운 국민투표를 약속했다. 여성들이 가사에만 전념해야 한다는 조항과 신성모독 처벌 조항에 관련된 투표였다. 국민 대다수가 독실한 신앙인이며 보수적인 사회에서 이루어진 이 같은 개혁을 두고 정당들은 그때까지 매우 신중한 입장을 보이고 있었다. 2013년 호주의 경우 추첨으로 선발된 시민 심사 위원회가 음주 폭력에 관한 여러 건의 권고 사항을 제안했다. 〈새로운민주주의재단Foundation New Democracy〉 대표이자 이 시민운동 핵심 활동가였던 이언 워커Iain

Walker는 "총리는 시민의 제안이 의회에 직접 제출될 수 있도록 심지어 자신의 권한 일부를 시민 심사 위원회에 양도하기까지 했습니다"[38]라고 밝혔다.

만약 시민들의 직접적 정치 참여 활동이 제한 없이 모든 영역에 적용되고, 추첨 선발된 시민으로 구성된 의회가 우리 사회 민주적 조직의 일부가 되어 활동할 수 있다면 어떨까? 미국 학자 테릴 보리셔스Terrill Bouricius[39]의 연구를 바탕으로 우리는 '시민 입법가' 시스템을 일반화(나아가 법제화)하기 위한 3단계 과정을 제안하고자 한다.

우선 민주적 법규 개혁(헌법 개정이라든지 선거 개혁과 같은 문제) 문제가 발생할 때마다 추첨으로 시민 대표를 뽑아서 해당 문제만을 일시적으로 다루는 시민 의회를 구성할 수 있을 것이다. 정당이나 전문 정치인들은 흔히 이런 문제 앞에서 답을 찾지 못하고 난관에 부닥치곤 한다. 그다음으로는 특정 공공 정책 분야의 입법권을 시민 의회에 이전하는 방안을 고려할 수 있다. 특히 환경 관련 입법을 볼 수 있다. 정치인들은 자신의 임기 이후 문제에 관심이 없거나 지구의 생존과 같은 장기적 차원의 문제를 다루지 않는 등 매우 근시안적 태도를 보이기 십상이다. 시민 의회를 도입하면 이런 문제점을 극복할 수 있을 것이다. 마지막으로, 어쩌면 약간은 비현실적일지도 모르겠지만 시민 의회가 하원을 완전히 대체하는 경우를 생각해 볼 수 있다. 이 새로운 입법 기관은 (임기를 짧게 해서

갱신이 가능하다는 조건을 단다면) 의원들의 이해가 맞부딪치는 법 문제나 임기 압박 문제를 극복할 수 있을 것이다. 그렇게 되면 전국 각지에서 사회 직능별 계층에 따라 다양한 경험과 관점을 가진 일반 시민들 앞에 모든 주제가 언제라도 제출되고 심사받게 될 것이다. 장-뤽 뱅제르Jean-Luc Wingert가 제안한 '시민 상원sénat citoyen' 계획[40]은, 기존의 상원을 추첨으로 선발된 시민 의회로 대체하려는 계획이다. 시민 상원은 단순한 자문 기구에 머무는 것이 아니라 하원(국회)을 해산하고 정부 관료를 해임할 권리를 갖게 된다. 이러한 아이디어는 점점 많은 동조자를 얻어 가고 있으며, 정치제도를 쇄신하고자 우리가 추구하는 행동 계획의 하나이기도 하다.

언급된 위의 경험들은 그간의 사회 통념, 즉 시민들은 이해와 관련된 복합적 문제들 앞에서 무능하고 이기적이며 비이성적, 무기력하다는 기존의 통념들이 옳지 않음을 보여 준다. 거대한 전환점이 눈앞에 있다. 앞으로 점점 더 많은 시민들이 법안 작성에 직접 참여하리라는 것은 의심의 여지가 없는 사실이다.

Health
Housing
the World
Cup
La Voz De los Trabajadores
Dilm
O Bras
tá de olh
#seligad
I CAN'T
KEEP CALM
I'M
BRAZILIAN
Pol
próxi
D
nas

04

권력에
권력으로
맞서다

인간은 누구나 권력을 쥐면 그것을 남용하는 경향이 있다. 권력의 남용을
막으려면 권력으로 권력을 막아야 한다.

— 몽테스키외, 『법의 정신』, 6권 4장에서

위대한 민주주의 사상가들은 항상 권력 집중을 경계해 왔다. 몽테스키외가 말한 권력 분산은 현대 민주주의 사회에서는 입법권, 행정권, 사법권의 분리로 해석되며 이 세 권력은 각각 서로를 견제한다. 불행히도 이 힘의 균형이 약화되는 현상이 나타나고 있다. 행정부의 힘이 입법부와 사법부 위에 놓여 있는 것이다. 유럽에서는 선출직도 아니며 국민들에 의해 해임되지도 않는 행정 기술 관료들이 권력의 일부를 장악하고 있다. 그리고 경제 금융 세력들이 점점 더 전 세계를 주무른다.

이런 흐름 속에서 시민 측이 반격을 준비하는 것은 당연한 일이다. 피에르 로장발롱이 '대항 민주주의contre-démocratie'라고 지칭한 것을 발전시켜야 한다. 대항 민주주의는 민주주의와 반대되는 개념이 아니다. 오히려 반민주주의를 반대하는 민주주의의 형태이다. 사회에 흩어져 있는 간접 권력 민주주의이며 정통 선거 민주주의에 맞서는 불신 민주주의이다.[01]

투명성을 위한
투쟁

투명성도 반권력 시민운동이 뿌리내릴 수 있는 토대이다. 그런 토대 위에서 개개인은 정부 정책에 명확한 선택과 분명한 의견을 표현할 수 있다. 투명성은 정부가 국민 앞에서 일종의 채무감과 책임감을 가지고 정책을 펼치도록 강제하는 데 필요한 조건이며, 남용되거나 잘못된 길로 들어설 가능성이 있는 권력에 대항할 최후의 보루이기도 하다. 그럼에도 투명한 사회는 단번에 이루어질 수 있는 것이 아니며 민주 사회를 위한 일상적 투쟁을 통해 얻어내야 하는 대상이다.

/ 미디어 제국 vs 시민 언론

공공 목적의 결정에 필요한 정보를 광범위하게 공유하고 권력과 맞닿아 있는 연줄을 들추어내고 다양한 고급 정보를 더 많은 사람들에게 제공하는 것은 현대 민주 사회의 필수 요소이다. 이 분야에서 언론과 방송 매체는 중요한 역할을 수행해 왔다. 빅토르 위고는 "언론 자유 원칙은 보통선거 원칙만큼이나 필수적이고도 신성한 것이다. 이 두 원칙은 분리될 수 없는 하나의 몸통과 같아서 서로를 필요로 하는 상호 보완적 관계에 있다. 둘 중 어느 한 원칙을 손상시키는 것은 나머지 원칙을 손상시키는 것과 마찬가지이다"라고 말했다.[02] 이론상 언론은, 정부에 대항하여 민주적 통제와 이의 제기 그리고 재검증을 하는 수단이다. 바로 그런 까닭에 최초의 민주 헌법들은 언론의 자유를 명시했다.*

오늘날 언론 매체의 소유권이 과거 어느 때보다도 제한된 일부 사람들에게 집중되어 있음은 분명한 사실이다. 예를 들면 프랑스의 경우 〈라가르데르Lagardère〉 그룹은 여러 라디오 채널(Virgin, Europe 1, RFM 등등)과 텔레비전 채널(Gulli, Canal J, MCM) 그리고 활자 매체(Paris Match, Le Journal du Dimanche)를 보유하고 있다. 그리고 마르탱 부이그Martin Bouygues와 그 일가는 TF 1과 LCI를 지배한다. 세르주 다쏘Serge Dassault는 《르 피가로Le Figaro》와 《발뢰르 악튀엘Valeurs Actuelles》을 소유하고 있다. 인터넷 통신사 〈프리Free〉의 창업자 자비에 니엘Xavier Niel과 그의 사업 파트너 피에르 베르제Pierre Bergé, 마티유 피가스Matthieu Pigasse는 2010년 《르몽드Le Monde》를 인수했으며 이후 《텔레라마Télérama》, 《쿠리에 앵테르나시오날Courrier

---

* 예를 들면 1787년 제정된 미국 헌법은 1791년 처음으로 개정되었는데, 이 수정 조항을 보면 '의회는 표현의 자유에 위배되는 어떠한 법률도 제정하여서는 안 된다'는 내용이 명시되어 있다. 1948년 발표된 세계인권선언 제19항에서는 '모든 사람은 사상과 표현의 자유를 갖는다. 이는 다시 말해 사상으로 인해 비난받지 않을 권리를 가지며 국경과 표현 방법의 제한 없이 정보와 의견을 구하고 전달받으며 전파할 권리를 갖는다는 의미이다'라고 규정하고 있다. 독립성과 다원성은 언론 활동의 핵심이다.

International》,《롭스L'obs》,《뤼89 Rue 89》 등의 소유주가 되었다. 또한 SFR 소유주 파트리크 드라이Patrick Drahi는 2014년 900만 유로를 들여《리베라시옹Libération》을 인수했고 이후〈엑스프레스Express〉그룹(L'Express, L'Expansion)도 사들였다. 그 밖에 프랑스 최고 부호 중 한 명인 뱅상 볼로레Vincent Bolloré는 최근〈카날 플뤼스Canal+〉그룹(Canal+, iTélé, D8, D17······)을 인수했다. 프랑수아-앙리 피노François-Henri Pinault는《르 푸앵Le Point》을 소유하고 있다. 프랑스의 이와 같은 언론 환경 속에서 독립 언론 매체는 매우 드물다.《르 카나르 엉셰네Le Canard Enchaîné》,《샤를리 에브도Charlie Hebdo》,《마리안Marianne》,《폴리티스Politis》와 몇몇 신문사의 경우 독립성을 잃어버리고 말았다. 이들 언론 매체는 거대 방산업체, 통신사, 호화 명품 회사 또는 건설 회사에 인수되었다. 이들 대기업에게 언론사는 분명 수입 증대엔 도움이 되지 않겠지만, 영향력 증대의 수단으로서는 훌륭한 도구임에 틀림없다.

이러한 언론 집중 현상은 심각한 문제를 야기한다. 첫 번째 문제는 물론 매체의 다양성 저하이다. 흔히 서로 다른 언론 매체(인쇄, 인터넷, 텔레비전······)를 동시에 보유한 그룹의 숫자가 현저히 축소되면서 일어난 현상이다. 대놓고 공개적으로 개입하는 소유주들의 검열도 문제이지만 가장 큰 위협은 기자 스스로 자기 검열을 하는 것이다. 에세이스트로 활동하고 있는 에르베 켐프Hervé Kempf는 자신의 저서 『과두정치는 그만! 민주주의 만세L'Oligarchie Ç a suffit!

Vive la démocratie』[03]에서 다음과 같이 말한다. "신문이나 텔레비전에서 떠드는 내용만큼이나 그들이 침묵하고 있는 내용도 중요하다."[04] 자기 회사 주주의 무기 계약 내용을 기자가 어떻게 다룰 수 있겠는가? 만약 어떤 언론사가 통신 사업 운영자의 투자에 크게 의존하고 있다면, 그 언론사의 기자는 통신 분야 탐사 보도를 할 수 있을까? 이렇듯 새로운 미디어 제국의 건설은 언론의 독립성과 다양성을 훼손한다. 또한 권력 감시자로서 언론 본연의 역할 수행 능력에도 심각한 문제가 발생될 수밖에 없다.

그러므로 거대 자본의 영향에서 벗어나 자유롭게 발언할 수 있는 독립 매체는 반드시 필요하다. 《대안 경제Alternatives économiques》라는 잡지는 새로운 경영 모델을 채택했다. 창립자는 처음부터 '참여 협동 회사(Société coopérative et participative, SCOP)' 방식을 채택했다. 이 회사의 기자들과 지지자들은 주주가 되어 '1주 1표' 원칙 대신 '1인 1의견Une personne, une voix'이라는 사회 연대 경제 원칙을 표방한다. 이런 방식은 사설 기조의 일관성과 연속성을 보장한다. 그러나 이 잡지사가 현재 놓여 있는 경제적 어려움을 볼 때 새로운 모델을 고안해 낼 필요가 있어 보인다.

언론학 전문가 줄리아 카제Julia Cagé 연구원은 상업 활동과 비영리 활동을 하나로 묶은 '비영리 언론사'의 창설을 제안한다. 구체적으로 설명하자면 기자, 봉급생활자 또는 독자 등 소액 기부자들이 뭉쳐 이들의 투자를 바탕으로 언론 매체에 투자를 한다는 것이다. 이 아이디어에 영향을 받아 2016년 2월, 《리베라시옹Libération》 출신 기자 9명이 온라인 신문 《레주르Lesjours》를 창간했다. 그들은 초기 자본 75만 유로를 목표로 모금 활동을 벌였는데, 최대한 자금 출처를 다양하게 해 언론사의 독립성을 확보하고자 했다. 줄리아 카제는 언론사 홈페이지를 오픈하며, "만약 어떤 기업인이 이 금액에 해당하는 수표를 발행한다면 언론사를 인수하여 정치적 영향력을 행사하려 했을 것입니다. 그런데 750명의 개인이 수표 1,000유로를 발행하면 독립적인 언론사에 공동 투자하는 셈이 됩니다"라고 말했다. 2016년 6월, 249명으로부터 332,062유로를 투자받으면서 언론사 최초로 우리 사주 제도에 근거한 회사인 전자 신문 《레주르》가 탄생했다. 게다가 파일럿 사이트를 구상하고 기술적 시스템을 구축하는 투자 캠페인 단계에서 이미 1,500명이 사전 구독을 신청했다. 이런 구독 방식은 《메디아파르Mediapart》라는 광고 없는 미디어의 탄생을 가능하게 했다. 이 유형의 매체는 프랑스에서 보기 드문 진정한 언론의 자유를 보장해 준다.

언론 역사 연구가 로맹 바두아르Romain Badouard에 따르면, "참여 미디어는 민주주의를 위해 권력을 견제하는 시민의 새로운 역할을 의미합니다. 특히 언론 자본의 소유 구조에 동참함으로써 대중과 기자 들이 결정 과정에 자신의 목소리를 낼 수 있으며 정보 생산의 중심에 나설 수 있게 됩니다. 정치 자본 권력에서 독립된 대체 언론은 기존 언론과는 다른 목소리를 냅니다. 지금까지 공개적으로 한 번도 목소리를 내지 못했던 이들에게 마이크를 넘겨주는 것입니다."[05]

/ 내부 고발자를 보호하라!

최근 몇 년간 상당히 많은 정보가 정부나 사기업에 근무하는 직원의 내부 고발로 드러났다. 이들을 우리는 '내부 고발자'라고 부른다. 내부 고발은 새로운 현상이 아니다. 불법 행위를 고발하고 개인의 양심과 공공의 이익을 우선 생각하며, 부당한 복종을 거부하는 사람들은 언제든지 있어 왔다. 『시민 불복종』의 저자이며 마틴 루서 킹과 간디 같은 위인들에게 영향을 끼친 바 있는 작가 헨리 데이비드 소로는, 노예제도 유지에 쓰이는 세금 납부를 거부했다는 이유로 투옥되기도 했다. 21세기 초 현재 유명인과 일반인을 포함한 수많은 '내부 고발자'가 "공공의 선을 위하여 개인적 위험을 감수"[06]하면서 뉴스 생산에 점점 중요한 역할을 담당하고 있다.

예를 들면 브레스트Brest 지방 CHU 흉부외과 전문의 이렌느 프라숑Irène Frachon 박사는 프랑스에서 500명 이상의 사망자를 냈던 메디아터Mediator 스캔들을 세상에 알렸다. 2012년에는 사이버 활동가이자 위키리크스의 창립자 줄리언 어산지Julian Assange가 수백만 건의 기밀문서를 폭로했다. 이들 기밀은 이라크 주둔 미군의 불법 행태라든지 아프리카 독재자들의 부패 문제, 또는 몇몇 러시아 해양 굴착 회사와 관련된 문서들이었다. 그런가 하면 2013년 미국 국가안전보장국National Security Agency의 자료 분석가 출신 에드워드 스노든Edward Snowden은 미국이 전 세계를 상대로 저지른 전자 도청 스캔들을 고발했다. 그리고 마침내 2016년 파나마 페이퍼스 스캔들이 터졌다. 60여 명의 국가 원수, 기업 대표, 유명 인사 들뿐만 아니라 일반인 수천 명이 재산 도피를 위해 복잡한 금융 서류를 꾸며 숨겨 놓았던 것이다. 내부 고발자들이 제공한 정보는 종종 몇몇 언론 매체에 넘겨져서 '작업이 이루어진다.' 예를 들면 전 세계 수백여 명 기자들이 모여 내부 고발자에게서 받은 정보들을 조사, 분석, 확인하는 〈국제탐사보도언론인협회(ICIJ)〉가 있다.

이라크에서 자행된 고문, 시민들에게 일반적으로 행해지는 감시, 대규모 탈세 또는 인류 보건과 관련된 감추어진 위험 등을 파헤치는 그들의 활동이 민주주의 가치 수호와 직결된 문제라는 사실을 누가 부인할 것인가? 작가이자 블로거로 활동하는 벵자멩 수리스Benjamin Sourice는 이들 내부 고발자들이야말로 민주주의의 기본 자유와 권리가 위험에 빠졌을 때 우리 사회에 경종을 울리는 사람들이라고 평가한다. "정보와 결단력을 가진 한 사람이 감추어진 민감한 정보를 공개하기로 결심만 한다면, 그 한 사람으로도 진실을 감추는 불투명한 시스템의 근간을 흔들 수 있음"[07]을 내부 고발자들은 보여 주고 있다. 변호사로서 여러 내부 고발자를 변호했으며 반부패 시민단체 〈셰르파Sherpa〉의 창설자이기도 한 윌리엄 부르댕William Bourdin은 이렇게 말한다. "구매력이 크게 떨어지고 자신들의 사생활이 위협받는 등 일상생활에서 심각한 충격을 받게 되자 전 세계 시민들은 깨달았죠. 바로 공공의 이익을 대변하고 보호해야 할 임무를 맡은 자가 그 임무를 소홀히 하고 심지어 자신의 이익을 위해 권력을 사유화함으로서 현재의 위기가 생겨났다는 사실을 말입니다. 이런 환경은 포퓰리즘과 냉소주의가 사회에 널리 퍼지게 합니다. 내부 고발자들은 암울한 사회의 숨통을 틔워 주며 민주주의의 현대화를 위한 매개자가 됩니다."[08]

내부 고발자들은 권력 견제자로 급부상하는 시민의 힘을 예고하고 있다. 다시 말해 정부와 시민 사이에서 정보의 균형을 맞추어 주고 이해 상충을 밝히고 약자의 권리 보호에 앞장서는 것이다. 내부 고발자들을 깎아내리려는 자들은 종종 그들을 배신자, 밀고자로 비난한다. 사실 내부 고발자들은 그런 비난과 정반대로 사사로운 이익에 흔들리지 않고 개인적 위험에도 공공의 이익을 위해 투쟁하는 사람들이다. 하지만 법이 시대를 따라가지 못해서 그들의 정의로운 활동은 자주 '사생활보호법'이나 '기업업무상비밀유지법'에 가로막히곤 한다(프랑스도 예외가 아니다).* 위키리크스의 창업자 줄리언 어산지는 2012년 6월부터 런던 주재 에콰도르 대사관에 피신해 있으며, 에드워드 스노든은 러시아로 추방당했다.

이들을 보호할 방법은 없을까? 윌리엄 부르동William Bourdon은 "내부 고발자를 위한 면책특권을 인정해야 합니다. 고발 행위로 감당할 수 없을 정도로 큰 위험을 겪는다면 수천의 잠재적 고발자들은 입을 다물게 될 것입니다"[09]라고 단언한다. 수많은 시민 활동가들이 이들 민주주의의 보초병을 보호하기 위해 다양한 제안을 했다. 위키리크스 플랫폼[10]에는 자국의 법으로 보호받지 못하는 전 세계 내부 고발자들이 모여든다. 네덜란드의 '펍리크스PubLeaks'[11]와 프랑스 플랫폼 '필라Pila'는 그들에게 고발 계획을 조언해 주고 보복의 위협을 예측하고 대비할 수 있도록 돕는다.

표현과 정보의 자유 보호는 아이슬란드 국회의원이자 해적당 대표 비르기타 욘스도티르가 늘 주장하는 내용이기도 하다.(3장 참조) 그녀는 자신의 야심만만한 개혁을 이렇게 소개했다. "아이슬란드를 천국으로 만들고 싶습니다. 하지만 세금 천국과는 정반대 의미이죠. 전 세계 기자와 그들의 정보원, 블로거와 내부 고발자, 표현의 자유를 위해 싸우는 모든 활동가를 위한 천국을 뜻합니다."[12] 그녀는 전 세계 활동가와 전문가 들에게 관련 법안 마련

---

* 〈국제투명성기구Transparency International〉에서 변호사로 일하고 있는 로렌 부노Laurène Bounaud는 이렇게 말한다. "내부 고발자 보호에 있어서 프랑스는 여전히 국제 기준에 부합하지 못하고 있습니다. 부조화를 이루거나 심지어 서로 상충되는 몇몇 법 조항만이 시민 고발에 대해 다루고 있을 뿐입니다."(2016년 3월 파리 인터뷰) 2016년 채택된 '사팽법Loi Sapin'은 빽빽한 입법 항목 안에 내부 고발자의 고유한 지위에 대한 언급을 추가한 것일 뿐 새로운 법 조항을 만든 것은 아니다.

에 참여해 달라고 요청했다. 아이슬란드 '현대언론개혁법'이 2010년 6월 의회에서 만장일치로 통과되었다. 법안 채택의 여세를 몰아 욘스도티르 해적당 당수는 〈국제현대언론기구International Modern Media Institute〉를 창설했다. 이 기구는 정보와 표현의 자유를 보장할 바람직한 법률들을 수집하고 연구하여 추진하고자 한다. "우리가 해야 할 일은, 국회와 정부 기관이 정책을 결정하고 추진하는 과정을 국민들이 이해할 수 있도록 낱낱이 공개하는 것입니다. 만약 정보공개 시스템이 진작 마련되었더라면 우리는 아마도 금융 위기 같은 불행한 사태를 피할 수 있었을 것입니다. 사회가 더욱 투명해진다고 해서 모든 부패가 곧장 사라지지는 않겠죠. 법률을 교묘한 방법으로 피해 가려는 시도는 언제나 있었기 때문입니다. 그러나 사회가 좀 더 투명해질수록 민주주의 시스템이 제대로 작동하고 있는지 감시하는 눈도 더 많아질 것입니다." 따라서 권력 감시를 위한 집단적 감독 시스템을 마련해야만 한다.

/ 오픈 데이터와 시민 권력

몇 년 전부터 시작된 오픈 데이터(자료의 자유화) 흐름으로 국가, 행정부 및 지방자치단체에 의해 생산되고 사용된 데이터들이 디지털 문서화되어 공개되고 있다(자유롭게 재생산되고 재사용 가능하다)*. 영어로 된 이 문서에는 전 세계의 현실과 관련된 매우 구체적 정보가 들어 있다. 국가와 지방자치단체의 모든 예산과 회계 자료 및 주거 상태, 수질과 대기오염에 관한 정보 등이 공개되어 있다. 다시 말해 공적 영역의 모든 수치와 통계 자료가 이제는 소수 엘리트의 손에 한정되지 않고 일반 시민들에게도 제공된다는 뜻이다.

이런 움직임에 발맞추어 프랑스 정부는 2012년 전자 플랫폼 '에타랍Etalab'을 창설하고 공공 데이터를 발표하기로 결정했다. 이 계획은 무엇보다도 자료를 공개함으로써, 행정부가 바로바로 사용할 수 있도록 하려는 목적을 가지고 있다. 플랫폼 덕분에 각종 데이터가 행정 부처 사이에서 좀 더 원활하게 공유되고 있다. 정부의 한 부처에서 만들어진 자료를 다른 부처가 더욱 쉽게 사용할 수 있게 된 것이다. 그 결과 정책을 결정하고 대민 공공서비스를 제공하는 업무도 훨씬 쉬워졌다.[13] 로르 뤽셰시Laure Lucchesi 에타랍 책임자는 이렇게 설명한다. "무엇보다 흥미로운 점은 오픈 데이터로 시민의 영향력이 한결 강화될 것이라는 사실입니다. 개인, 단체, 스타트업 기업 들이 공개된 자료를 주고받으며 혁신적인 프로젝트를 추진할 수 있게 되었습니다." 오픈 데이터의 선구자 중 한 사람인 니콜라 파트Nicola Patte는 여기에 덧붙여, "데이터 자유화로 양질의 대민 서비스가 가능해지며 공공서비스에 긍정적이고 보완

---

* 자료를 사용하려는 사람은 출처를 명시하고 이 '공공재산'이 어디에 사용되는지 밝힐 의무가 있다.

적인 민간 차원의 참여도 이루어집니다"라고 설명한다.[14] 예를 들면, '핸디맵Handimap'[15]은 접근 가능한 공공 데이터를 바탕으로 이용자들에게 목적지에 가장 빨리 도달하는 경로를 제공해 주는 사이트이다(도로, 역, 교통 노선 등). 자료의 개방은 결국 국민 개개인이 정부의 정책과 결정을 더 잘 이해할 수 있도록 해 준다. 또한 창의성을 발휘해 공적 분야에서 그들의 전문 능력을 발휘할 수 있도록 하는 효과를 낳는다.

그러나 오픈 데이터에도 함정이 있다. 바로 새로운 시민 권력의 알파와 오메가가 될 가능성이 있다는 것이다. "정부 기관에 의해 생산, 선별, 재단된 공적 데이터를 자발적으로 제공하는 행위는, 시민들에게 아무런 조건 없이 정보를 제공하고 자동으로 권력을 부여하는 것과 같습니다"[16]라고 사뮈엘 괴타Samuel Goeta와 클레망 마비Clément Mabi는 경계한다. 실제로 오픈 데이터가 민주주의의 가속기 역할을 할 수 있으려면 이 자료들은 적극적으로 시민 공동체에게 주어져야 한다.

감시하는 시민들

피에르 로장발롱은 "감시하고 경계심을 유지하며 감독하는 것은 시민권의 필수 속성"[17]이라고 말한다. 권력자들을 향해 시민들이 비판적 시각을 가지고 감시하는 행위는 지금까지 민주주의를 수호하는 든든한 기둥이었다.

/ 국회의원에게 위치 추적기를!

민주주의 사회에서 자신들의 대표를 감시 통제하는 행위를 어떻게 보아야 할까? 이것이 가능하려면 대표자들의 모든 활동 정보를 시민들이 알 수 있어야 한다. 2009년 창설된 단체 〈시민의시선Regards citoyens〉은 "공개된 공공 데이터를 바탕으로 모든 국민들이 사용할 수 있는 일종의 도구함을 만드는 것을 목표로 합니다"[18]라고 탕기 모를리에Tangui Morlier와 뱅자맹 우게 타바누Benjamin Ooghe-Tabanou 공동대표는 설명한다(이들은 절대 혼자 인터뷰하지 않는데, '단체의 개인화를 방지'하기 위해서라고 한다). "지금까지 우리는 국회 사이트에서 자기 지역구 의원이 누구인지 검색하는 데에만 무려 7번을 클릭해야 했습니다. 게다가 사이트에 공개된 자료만으로는 그 의원이 실제로 무슨 활동을 하는지 알 수가 없었습니다"라고 탕기 모를리에는 덧붙인다. 이에 따라 〈시민의 시선〉은 두 인터넷 사이트 '우리의 하원 의원(NosDeputés.fr)'과 '우리의 상원 의원(NosSénateurs.fr)'*을 개설하고 의원들의 의정 활동을 구체적으로 살펴볼 수 있도록 했다. 이 플랫폼은 쉬운 이해를 위해 그래픽 도표를 적극 사용한다. 이용자들은 문서화된 질문의 수, 제출된 법률 수정안, 의회 참여도, 발표된 보고서의 주제 등 제시된 기준에 따라 자기 지역구 의원의 의정 활동 수준을 살펴보고 분석할 수 있다. 〈시민의시선〉은 적절한 판단 기준을 마련하기 위해 오랫동안 고심했다. 자칫하면 의정 활동을 의원들의 의회 출석으로만 축소시켜 왜곡된 방식으로 평가할 수도 있기 때문이다. 그런가 하면 '지역구 의원에게 질문하세요Questionez-vos-élus'[19]라는 이름의 또 다른 사이트는 일반인들이 직접 자기 지역구 의원에게 질문하고 그 대답을 지역 사회 전체와 공유하는 형식의 플랫폼이다.

〈시민의시선〉은 〈파리정치대학 미디어연구소Medialab de Science Po Paris〉와 협력하여 '법률 만들기(LaFabriqueDeLaLoi.fr)'라는 사이트를 개발했는데, 법률이 만들어지는 방식을 관계자의 입장에서 단계별로 살펴보고 '의원들은 정말 법을 만들고 있는가?'[20]와 같은 까

---

* 〈시민의시선〉의 모든 프로젝트는 프리 소프트웨어 형태이다. 창업자들의 생각은 이렇다. "민주적 투명성을 보장하기 위해서 이는 꼭 필요하고 불가피한 보호막입니다. 누구라도 우리의 소스 코드를 검토하고 개선책을 제안할 수 있으며 우리가 선택하는 개발 방식에 이의를 제기할 수도 있지요."

다로운 질문에 답을 주려는 목적을 가지고 있다. 사이트에 들어가면 의회의 법안 왕복 심의 연표를 볼 수 있고 법안의 수정 과정을 찾아볼 수 있으며 의원들이 제출한 수정안을 비교해 볼 수도 있다. 민주주의 체계가 아직 초기 단계에 머물고 있는 몇몇 나라에서는 의회 활동의 투명성이 큰 문제가 된다. 튀니지가 그런 예다. 2011년 혁명 이후 〈알바우살라(Albawsala, 나침반이라는 뜻)〉 협회[21]가 튀니지 의회 활동을 감시하기 위한 플랫폼을 창설했다. 시민의 힘으로 불법과 혹시 있을지 모를 자유를 침해하는 법의 제정을 막기 위한 목적이었다. 〈알바우살라〉 회원들은 의회 내에서 이루어지는 토론을 생방송으로 재전송하며, 의회 회의에 지각하거나 결석하는 의원들도 주저 없이 알린다.

이런 종류의 플랫폼은 창설 초기에는 엿보는 행위라며 못마땅해하는 일부 의원들에게 냉대를 받았으나, 〈시민의시선〉은 마침내 의원들 스스로 참고 자료로 찾아볼 정도로 중요하게 자리를 잡았다. 벵자멩 우게 타바누는 "실제로 많은 의원들이 우리 활동에 고마워하고 심지어 보호해 주기까지 하죠. 그들은 성실히 노력하는 자신들의 활동이 알려지게 된 것에 상당히 만족스러워 하고 있습니다. 투명성이 자신들의 정당성을 강화하며 '모두 썩었다'* 는

---

* 전 세계 국가를 부패 정도에 따라 분류한 〈국제투명성기구〉의 발표를 보면 프랑스는 23위로 우루과이나 카타르보다 뒤에 있다! "모두 썩었다"는 생각도 우리 민주주의에 큰 위험이 된다. 이런 감정은 결국 파괴적 포퓰리즘을 키우는 양분이 되기 때문이다. 부정적 정서의 원인에는 여러 가지가 있겠지만 무엇보다도 특히 이권 갈등에 의원들과 공직자들이 연루되었던 몇몇 사건들에 기인한다. 이런 사건은 결국 정치권 전반에 대한 부정적 인식으로 확대된다.

해로운 의심을 제거해 준다는 사실을 그들은 잘 이해하고 있습니다"[22]라고 설명한다.

감시의 눈은 의원들의 청렴성에까지 미친다. 2013년의 카후작 스캔들 이후 프랑스에는 〈공인투명성조사고등기관Haute Autorité pour la transparence de la vie publique〉**이 설립되어 선출직 공무원들이 자신의 공식 소득뿐만 아니라 부수입(의회 밖 활동 수입, 즉 다른 직무, 변호사 혹은 감정 평가사 업무 참여, 기타 외부 소득 등)까지 모두 신고하도록 강제하고 있다. 유일한 애로 사항이라면 수기로 신고한 소득에는 일반인들이 접근할 수 없다는 점이다. 일부 의원들은 손으로 쓸 자유를 주장하며 소득 신고서를 거의 해독 불가할 정도로 흘려서서 제출하는 경우가 있다. 따라서 〈시민의시선〉은 의원들의 의정 활동 외 소득 신고 자료를 협업으로 디지털화하는 작업을 주도한다. 이 보물찾기 활동(자료 찾기 활동)을 통해 8,000명 가까운 지원자가 상·하원 의원들의 신고서를 해독하고 사이트에 옮겨 실었다. 이 단체는 단 열흘 만에 상당한 양의 유용한 자료를 제공함으로써 의원의 의정 활동이 공공 이익에 반하는 결과를 낳을 위험, 즉 이해 상충의 가능성을 국민들이 평가할 수 있도록 했다.

** 벵자맹 수리스는 『어떤 안티 로비 활동가를 위한 변론Plaidoyer pour un contre-lobbying citoyen』에서 "새로 창설된 〈공인투명성조사고등기관〉은 권력의 새로운 균형과 투명성이 민주주의 사회의 기본권이라는 점을 명확히 한 중대한 사건이다. 프랑스 정치 지도자들의 오랜 자기 규율 전통에 종지부를 찍었다"라고 평가했다.

/ 시민 검증단의 활약

시민들은 재검증 활동*을 추진할 수 있다. 예를 들면 '지방 정부 재정(NosFinancesLocales.fr)' 사이트에서는 '우리의 자료(NosDonnées.fr)' 사이트에 축적되어 있는 프랑스 공공 기관의 회계 자료를 보여 준다. 특히 한 도시의 자료가 프랑스 평균 자료와 어떤 차이가 있는지 알아볼 수도 있다. 벵자멩 우게 타바누는 이렇게 말한다. "공공 자본과 예산의 감시 및 재검증 역할을 시민이 맡는다는 것은 전통적 역할과는 반대라고 할 수 있습니다. 그런데 실상을 보면 시민이 그 역할을 하고 있다고는 하나 상당히 제약적이죠. 그들에게 필요한 정보가 충분히 제공되지 못했거나 그들이 선동가나 근거 없는 비방꾼으로 치부되어 버리는 경우가 있기 때문입니다. 따라서 모든 자료는 이해하기 쉽게 공개되는 것이 무엇보다 중요합니다. 그렇게 공개된 자료를 심의 검토하려고 하는 사람들이 수천 명이나 됩니다."[23] 다른 나라의 경우를 살펴보면, 스페인의 〈푼다시온 시비오Fundación Civio〉[24]나 칠레의 〈키우다다노Ciudadano〉[25] 같은 단체들이 정부 정책과 관련된 정보를 국민들에게 제대로 전달하기 위해 비슷한 활동을 벌이고 있다.

시민의 재검증 운동에 새로운 형태의 저널리즘이 동반되기도

* 전문가의 사정 평가를 시민들이 재검증하는 활동을 말한다. 옮긴이

한다. '데코되르Decodeurs'[26] (일간지 《르몽드》의 공식 사이트), '데이터마치DataMatch'[27], 영국 일간지 《더 가디언》이 운영하는 '데이터블로그Datablog'[28]에서 보듯이 현실 반영을 위한 자료 분석이 이루어지고 있다. 영국 신문사 《더 텔레그래프》가 영국 의원들의 소요 경비 계정을 발표했던 것처럼, 기자들은 다양한 소프트웨어의 도움을 받아 가며 수십만 개에 이르는 문서의 연관 관계를 찾아내고 기사를 작성한다. 오늘날 '데이터 저널리즘'이라고 불리는 새로운 유형의 저널리즘은 다양한 그래프와 명쾌한 해설을 곁들여서 복잡한 사건과 상황을 분명하게 설명해 준다. '갭마인더Gapminder'[29]의 정보를 바탕으로 이루어진 한스 로슬링Hans Rosling의 세계 빈곤에 관한 명연설은 전 세계 수백만 명이 시청했다. 공공 지출의 시각화와 관련한 데이비드 맥캔들스David McCandless[30]의 작업 '정보는 아름답다Information is Beautiful'[31]도 빠질 수 없는 예 중 하나다. 데이터 저널리즘은 또한 공공 정책이 개인에게 끼치는 영향을 분명하게 보여 준다. BBC나 《파이낸셜 타임즈》가 만든 예산 이동 영상을 통해서 우리는 예산의 사용이 시민 개개인의 삶에 어떻게 영향을 끼치는지 쉽게 이해할 수 있다.

한편 최근 새롭게 대두하는 현상이 있다. 환경 요소 측정에 시민들이 직접 참여하는 '시민 측정가citoyens capteurs'의 등장이 그것이다. 환경오염 측정망을 주민들이 생활하고 호흡하는 삶의 터전으로 확대함으로써 정부 기관의 공식 수치를 보완, 확인하려는 목적에서 생겨났다. 시민 측정가들은 공식 발표를 재검증하는 역할을 한다. '세이프케스트Safecast'[32]가 그중 하나로, 2011년 일본 후쿠시마 원전 사고 이후 지역 방사능 수치를 측정하고 정부의 정보를 재확인하기 위해 만들어졌다.

/ 비밀은 없다: 안티 로비 활동

숱한 비난에도 로비 활동은 우리 사회에 꾸준히 그 영향력을 증대시켜 왔다. 브뤼셀에만 어림잡아 3만 명의 로비스트가 활동하고 있는데 이는 유럽 위원회에서 근무하는 직원 숫자와 맞먹는다. 『민주주의 무대 그 이면의 영향 *coulisses de l'influence en démocratie*』이라는 책에서 두 로비스트는 자신들의 직업을 이렇게 정의한다. "로비 활동은 정책 결정에 영향을 끼치거나 공권력 주위를 맴돌면서 사적 이익을 보장 받으려는 활동이다."[33] 의회나 정부가 시민사회의 의견을 경청하고 그 과정이 외부에 공개되고 상호 연계되어 있는 상태를 정상적인 것으로 볼 때, 자신들의 이익을 관철시키기 위해 온갖 수단과 방법을 동원하는 로비스트의 행태는 상당히 큰 문제이다. 특히 로비가 민주주의를 위태롭게 하는 이유는 그것이 은밀하게 행해지기 때문이다. 자신의 대표가 로비스트들과 어떤 관계에 있는지 일반 시민들이 전혀 알 수 없다는 것은 용납할 수 없는 일이다. 〈국제투명성기구〉의 로렌 부노는

"민주주의 사회에서 로비스트들은 자신들의 요구를 의원들에게 공개적으로 밝혀서, 의원들이 모든 관점에서 안건을 고려하고 정책을 결정할 수 있도록 해야"[34] 한다고 말한다. 이에 따라 모든 기관이 자신의 입장을 밝힐 수 있는 양방향 데이터베이스 '프랑스 진실 감시단Integrity Watch France'이 개설되었다.*

이런 자발적 활동이 흥미롭기는 하지만 그것으로 충분하지는 않다. 입법에 영향을 끼칠 가능성이 있는 로비 네트워크를 세상에 공개하는 것, 이것이 투명성 확보를 위해 활동가들이 투쟁하고 있는 계획 중 하나이다. "우리가 원하는 것은 비정상적 특혜를 사라지게 하는 것입니다"[35]라고 탕기 모를리에는 강조한다. 〈국제투명성기구〉와 공조하에 〈시민의시선〉은 새로운 시도를 시작했다. 2010년에서 2012년 사이 의회 보고서의 첨부 자료를 샅샅이 뒤져 법 제정과 관련하여 의회에서 면담한 사람들을 모두 찾아냈다. 이 작업의 목적은 국회의원들과 개인 혹은 기관 사이에 이루어진 면담 관련 미발표 자료를 시민들에게 공개하는 데 있다. 탕기 모를리에는 "4,000명에 가까운 사람들이 모여서 정부와 민간 로비스트들이 법률 제정에 끼친 영향력을 도표화하고 우리의 작업을 도와주었다"고 자랑스럽게 말했다. 총 1,174건의 의회 보고서가 검토

* 이 플랫폼 개설 이후 투명성 확보를 위한 활동은 첫 번째 성과를 얻었다. 2013년부터 '투명성 등록부'가 만들어져서, 국회의원이나 프랑스 정책에 영향력을 행사하고자 하는 모든 개인과 단체는 등록부에 등록을 하고, 자신의 로비 활동 자금의 출처와 방법을 신고해야 한다.

되었고 그 결과 5,000여 단체에서 온 1만 6천 명 이상의 사람들이 9,300건에 이르는 면담을 가졌음이 드러났다. 심지어 이 숫자에는 2011년 3월 국회 기록에 공식으로 기재된 120여 명의 이권 단체나 개인은 포함되지도 않았다! "국회를 상대로 벌어지는 로비의 형태와 수법상 이는 빙산의 일각에 지나지 않아요"[36]라고 탕기 모를리에는 힘주어 말한다.

유럽 차원에서도 역시 투명한 사회를 위한 여러 시도가 이어지고 있다. 줄리아 레다 독일 해적당 의원이자 유럽의회 의원은 오픈 소스 소프트웨어 '로비컬Lobbycal'[37]을 개발해 의회와 로비업자들 간에 이루어지는 상호작용을 추적한다. 시민단체인 〈유럽기업감시Corporate Europe Observatory〉[38]는 15년 전부터 전문가 및 사회 활동가 들을 모집하여 특혜를 바라고 의회에 접근하거나 유럽 정치권에 압력을 행사한 기업을 공개하고 고발하는 일을 해 왔다. 이 단체는 '기업 로비 투어corporate lobby tour'*를 조직했는데 이는 벨기에의 수도에 자리 잡은 유럽 정치의 중심가가 로비에 얼마나 심각하게 점령되었는지 보여 주기 위한 브뤼셀 가이드 투어이다. 한편 웹 활동가들이 개발한 소프트웨어 '로비플래그Lobbyplag'를 이용하면, 정책 결정에 입김을 넣으려는 로비 단체의 입장이 유럽의회

---

* 〈유럽기업감시〉 사이트(corporateeurope.org)에서 "로비의 힘The Power of lobbys" 영상을 시청하거나 〈로비플래닛Lobby Planet〉이라는 단체가 만든 브뤼셀 로비에 관한 출판물 『투어리스트 가이드guide touristique』를 참고하면 도움이 될 것이다.

의원들의 공식 법률안과 얼마나 유사한지 비교해 볼 수 있다. 이 사이트를 보면, 특히 유럽 '개인정보보호법'과 관련하여 얼마나 많은 의원이 〈이베이〉나 〈아마존〉 의견과 같은지를 알 수 있다. 그 밖에 미국의 '오픈시크릿(Opensecrets.org)' 사이트를 통해 금융계와 정치권 사이 관계를 추적할 수 있다.

데이터 공개는 결국 일반 시민에게 힘을 실어 줌으로써 공권력이 특정 집단의 이익이 아니라 공공의 이익을 위해 일하도록 감시하는 효과를 낳는다. 이런 감시 시스템이 더욱 폭넓게 확대될 수 있도록 하기 위해 국제투명성기구는 '반부패 활동' 사이트(agircontrelacorruption.fr)를 개설했다. 이 사이트는 민주주의 수호를 위한 6단계 시민 행동 요령을 소개한다. 위험 신호 보내기, 이익 상충 위험 찾기, 의원들의 모범적 행동 북돋아 주기 등이 있다.

엄청나게 시끄럽고
믿을 수 없게 가까운 정치

1819년의 연설 "고대인의 자유와 비교한 근대인의 자유De la liberté des Anciens comparées à celle des Modernes"에서 벵자맹 콩스탕Benjamin Constant은 "정부 행정에 영향을 끼칠 수 있는 선거권이 시민권의 핵심 구성 요소 중 하나"라고 주장한다. 시민에 의한 감시 및 권리 확대 움직임과 더불어 오늘날 우리가 할 수 있는 또 하나의 운동은 '자기 목소리 내기'이다.

/ 자유를 위한 학습

효과적으로 영향력을 행사하려면 정치 이해는 필수다. 장 마시에Jean Massiet는 유튜브 채널 '아크로폴리스 Accropolis'를 개설하고 매주 화요일과 수요일 생방송으로 정부 관련 시사 문제를 알기 쉽게 설명하고 있다. 개설한 지 겨우 몇 달 지나지 않아 2016년 6월에는 구독자가 수천 명에 이르렀다. 그런가 하면 참여자들이 충분히 자유롭게 자신의 의견을 보강할 수 있는 도구를 제공하기 위해 새로운 시도가 이루어지고 있다. 온라인 신문 《르 드렌슈Le Drenche》[39]는 시사 문제별로 찬성과 반대 토론방을 연다. 전자 신문 개설자 플로랑 기냐르Florent Guinard는 "우리가 바라는 것은 사람들이 자신의 의견을 키우는 것입니다"라고 설명한다.[40]

또 다른 단체 〈복스Voxe〉[41]는 선거 후보자 비교 프로그램 '비교자comparateur'를 제안한다. 프로그램 운영자 레오노르 드 로크푀이 Leonor de Roquefeuil는 자신의 프로젝트를 이렇게 설명한다. "중립적 입장에서 후보자들을 비교하는 것이죠. 우리는 오직 후보자의 공식 정견만으로 판단합니다. 이는 '사소하고 지엽적인 문구'나 지지자들의 해석을 배제하기 위해서이죠"[42] 이 인터넷 사이트에서는 선거를 하나 선택하고, 두 후보자를 선정한 뒤 그들의 정견을 주제별로 비교한다. "우리는 흔히 사람들이 슬로건이나 과격한 표현에 현혹되는 아둔한 존재라고 치부하곤 합니다. 하지만 〈복스〉는 유권자들이 근본적 문제에 관심을 가질 만큼 충분한 소양이 있다고 믿습니다. 그 생각이 옳았다는 사실이 지난 대통령 선거에서 판명되었지요. 2012년 대통령 선거 당시 3백만 건에 이르는 후보자 비교가 있었고 이는 방문자만 170만 명이라는 의미입니다." 〈복스〉는 현재 전 세계 16개국에 서비스를 제공하고 있다.

오늘날 〈복스〉의 프로젝트는 나날이 성장하고 있다. 레오노르 드 로크푀이는 "우리 정치 문화의 문제점은 시민들이 스스로를 정치 토론에 참여하기에 모자라다고 여기는 것입니다"라고 진단한다. 그러므로 자신이 정치를 이해하고 의견을 가지며 공공 활동에 구체적으로 참여할 능력이 있다는 믿음을 시민들이 갖게 해야

만 한다. 〈복스〉가 개발한 '왓 더 복스What the Voxe'라는 애플리케이션은 시민들의 관심을 끌 만한 정치 소식을 컴퓨터 그래픽과 함께 서로 상반되는 견해를 곁들여서 소개한다. 그러면 사용자는 주제에 따라 '예' 혹은 '아니오'를 선택해 자신의 입장을 정하거나 선택을 유보할 수 있다. 마지막으로 사용자의 대답을 고려하여 프로그램은 그들을 특정 정치 활동에 지지 또는 거부하는 행동으로 유도한다. 예를 들면, 미리 준비된 메일을 정치인에게 발송한다거나 시위에 참석하기, 단체에 가입하기 등이 있다. 로크푀이는 "조만간 인공지능을 이 프로젝트에 도입할 예정입니다. 이용 가능한 데이터를 발굴하고 분석하며 시민들과 함께 관심사에 따라 공유할 수 있는 진정한 오픈 데이터 통합 사이트를 구축해 그들이 행동에 나설 수 있도록 돕는 것이 우리 몫이죠"라고 설명한다. 그렇게 되면 이전에 서로 알지 못했던 개인이나 조직 들이 목표를 공유할 수 있음을 깨닫게 되고, 그 공동 목표를 중심으로 압력 단체를 구성할 수 있을 것이다.

/ 온라인에 광장을 구축하다

디지털 시스템은 시위 활동에 '울림판'을 제공할 수 있을 것이다. 소셜 네트워크를 잘 살펴보면 생각보다 사람들이 적극적임을 알 수 있다. 굉장히 많은 사람들이 인터넷에서 공개적으로 자신의 의견을 말하고 있다.* 미국의 법률학자 로런스 레시그Larrence Lessig[43]는 이러한 현상을 더욱 자발적 형태의 '핵티비즘hacktivisme politique' 경향으로 분석했다. 이는 기존의 노조, 정치, 비정부 단체의 전투적 투쟁이라는 테두리 밖에서 구성된 것이다. 중심축을 '좌우'가 아닌 '안팎'으로 구분 짓고 그 축을 기준으로 자신의 위치를 규정한 사람들이 정의와 진정한 참여, 혁신을 꿈꾸며 자발적으로 벌이는 시위인 셈이다.

이런 상황에서 아바즈Avaaz, 메조피니옹MesOpinions, 샹쥬Change 와 같은 청원 플랫폼이 전례 없는 성장세를 보이고 있다. 전 세계 196개국에 1억 3,500만 명의 사용자를 보유하고 있는 샹쥬는, 현재 프랑스에서만 600만 명이 넘는 사용자를 자랑한다. 이들 청원 플랫폼은 즉각적인 참여 방식을 대변하고 있는데, 이는 특히 자신이 읽고 보고 행하는 모든 것에 의견을 내는 데에 익숙한 젊은 세대에게 딱 들어맞는다. 청원의 형식은 정치적 리얼리즘 색채를 띤다. 청원은 그럴 만한 가치가 있으며 사람들의 동조를 얻을 만큼 중요한 내용이어야 한다. 동시에 너무 거창한 내용이어도 지지를 받기 어렵다. 그리고 청원 내용은 일상생활과 관련이 있으며 흔히

---

* 가상의 토론 광장에 자발적이고 매우 창의적 방법으로 참여하여 의견을 밝히는 사람들이 점점 더 많아지고 있다. 2016년 발생했던 미리암 엘 콤리Myriam El Khomri 노동 법안 반대 운동이 그 대표적 예이다. 당시 수백여 명의 일반인이 '#우리는 더 대우받을 가치가 있다(#OnVautMieuxQueCa)'라는 해시 태그를 자신의 인터넷 글에 달고 불합리한 노동시장의 현실과 점점 더 악화되는 근로 조건 등에 대한 불만을 인터넷상에 토로했다.

만나는 문제인 것이 바람직하다. 심오한 철학을 갖지 않아도, 뒤에서 노조와 같은 지원 단체가 밀어주지 않아도 온라인에서 시민들의 동조를 얻는 데는 문제가 되지 않는다.

청원 플랫폼은 논쟁적인 사회적 이슈를 다루기도 한다. 일반인들은 청원서에 서명을 함으로써, 기존 정치권에서라면 관심 갖지 않았을 주제에 대해 생각할 기회를 얻기도 한다. 2016년 3월에 있었던 노동법 반대 청원 운동(130만 명이 서명에 동참한 이 청원은 지금까지 프랑스 최고 기록이다)의 주동자 카롤린 드 아스Caroline De Haas는 이렇게 말한다. "청원은 시민들을 일깨우고 행동하게 하는 훌륭한 지렛대입니다. 청원서에 서명을 하려면 그 내용을 읽을 수밖에 없죠. 따라서 서명 행위는 진정한 의미의 참여이며 지지인 것입니다."[44] 특정 청원서 서명과 제출을 위해 모인 단체와 대중은 시간이 지나면 대개 흩어지고 말지만 일부는 여전히 남아서 적극적인 시민 활동의 주축이 된다. 카롤린 드 아스는 노동법 반대를 위한 서명에 참여한 인원이 130만 명에 이르렀으며, 서명 행위는 단순한 지지 표명에 그치지 않고 차후 다른 형태의 시민운동을 조직할 때에도 큰 힘이 될 것이라고 평가한다. 미국 웹사이트 '체인지'(change.org)의 창설자 벤 레트래이Ben Rattray는 "때때로 네티즌들의 적극적 참여는 기존 정치권에서라면 달성되지 못했을 만한 변화를 몇 주 만에 이루어 내기도 합니다"[45]라고 단언한다. 일례로 프랑스에서 아라슈 드람바르슈Arash Derambarsh가 추천한 청원은 의회에 압력을 가하여 마침내 2016년 2월 '식품낭비방지법'을 통과시키는 데 성공했다. 이 법은 그동안 농식품 관련 업계의 로비로 의회에서 통과되지 않고 있었다.

그렇다고 해서 청원권 행사가 공공 정책에 영향을 줄 수 있는 만병통치약은 아니다. 많은 인원이 서명했다고 반드시 기존 정치 논리를 이기는 것은 아니기 때문이다. 환경보호 단체인 〈블룸 Bloom〉의 주도로 무려 90만 명 가까운 사람들이 청원에 가담했던 '심해조업금지법안'은, 브르타뉴 항구를 봉쇄해 버리겠다는 어부들의 위협 때문에 결국 2016년 3월 좌초되고 말았다. 또한 2016년 4월 탐사 전문 기자 엘리즈 뤼세Elise Lucet가 시작한 반反 기업 기밀 청원은 60만 명의 서명을 이끌어 냈음에도 유럽의회의 '기업 기밀' 보호 강령* 찬성투표를 막아 내지는 못했다. 온라인 청원 활동이 민주 사회에서 꼭 필요한 대항 세력을 형성하기는 하지만 기적의 치료약이 되기에는 여전히 부족하다. 전통적 시위와 사회운동 등을 보완하는 장치로서 공론의 장에 시민 참여를 돕는 역할을 한다고 할 수 있다.

* 이 강령은 산업 스파이로부터 기업을 보호한다는 핑계를 대고 있으나 사실은 기자의 탐사 취재를 방해하고 취재원을 위협할 의도를 가지고 있다.

/ 버스 뒤쪽에 앉은 이들을 말하게 하라

미국 정치학자 로버트 달Robert Dahl은 민주주의를, "결정 과정에 누구나 동등한 영향력을 행사할 수 있는 가능성"[46] 이라고 정의한 바 있다. 강력한 노조에 기반을 둔 노동운동과 같은 서민층을 위한 조직이나 대표 기구가 차지하는 비중이 점차 줄어들고 있다. 수많은 사회학자[47]들은 서민층이 붕괴되면서 자신의 의사를 표명하고 행동에 나설 수 있는 기회도 상당히 약화되었다고 분석한다. 전통적으로 사회 시스템 밖에서 겉돌던 사람들이 자신의 권리를 외치고 관철시키는 일이 가능할까?

'아래로부터 시작된' 결집 운동인 '마을 공동체 조직화'가 이 질문에 믿을 만한 답이 될 수 있을 것이다. 아직 프랑스에는 잘 알려지지 않았지만 이 운동은 1940년대 미국에서 시작되었다. 1939년, 사회학자이자 작가였던 솔 앨린스키Saul Alinsky가 시카고 '백 오브 더 야드' 지역의 빈민가에서 최초의 마을 공동체 조직화를 시도하면서 토대가 마련되었다. 솔 앨린스키는 민주 사회란 힘을 가진 여러 집단 간 역학 관계가 표현되는 곳이라고 말했다. 또 그는 소외 계층의 힘은 바로 그들의 숫자에 있다고 했다. 따라서 앨린스키는 지역 주민들이 스스로 공동체를 조직하고 의제를 설정하고, 지역사회 유력 인사들에게 자신들의 권리와 재산을 위해 힘써 달라고 호소할 수 있도록 도와주었다. 타인의 자선 행위에 의존하지 않는 자립심은 제4세계 〈인적자원개발협회(Association for Talent Development, ATD)〉와 같은 단체가 소외 계층을 지원하는 데 있어서 활동의 기본을 이룬다. 브뤼노 타르디외Bruno Tardieu는 1950년대 말이후 "제4세계 〈인적자원개발협회〉의 모든 활동은 이들이 사회에 기여함으로써 당당한 사회의 주체가 될 수 있도록"[48] 지도하는 데 집중되어 있다고 설명한다.

프랑스 그르노블 시의 〈시민동맹Alliance citoyenne〉은 2010년 이후 자신들의 활동 목표를 "소외 계층이 스스로 목소리를 낼 수 있도록 도와주는 일"[49]에 맞추어 놓았다고 이 단체의 임원 질랄리 케딤Djillali Khedim은 강조한다. 〈시민동맹〉에 근무하는 폴린 디아즈 Pauline Diaz는 다양한 민주주의의 형태를 버스에 비유하여 설명한다. "우리 사회가 사람을 가득 실은 버스라고 생각해 봅시다. 이들은 모두 함께 어느 목적지로 가려고 합니다. 가장 먼저 할 일은 이들 중에 버스 기사를 정하는 일입니다. 일종의 대표자를 뽑는 것이죠. 기사는 승객들을 만족시키고 목적지에 제대로 이르기 위해 가끔 뒤를 돌아보며 물어봅니다. '라디오를 들으시겠어요? 에어컨을 켤까요?' 이것이 참여 민주주의입니다. 여기에서 문제는 그 질문에 대답하는 사람들이 언제나 맨 앞쪽에 앉아 있는 사람들이라는 것입니다. '요구 민주주의democratie d'interpellation'는 다음과 같은 질문에 답을 주려는 것입니다. 버스 뒤쪽에 앉아 있지만 마찬가지로 사회 구성원인 이들이 기사에게 원하는 바를 요구하고 영향력을 끼칠 수 있게 하려면 무엇을 해야 할까?"[50] 이런 '요구 민주주의'는 대의 민주주의, 참여 민주주의와 더불어 민주주의 사회를 이루는 핵심 버팀목 중 하나이다.

〈시민동맹〉 활동은 몇 가지 실용적인 기반 위에 이루어진다. 첫번째는 인간관계 맺기이다. 이는 고립에서 벗어날 수 있도록 도와주는 행위이다. 〈시민동맹〉의 유급 조직원들은 주민들을 찾아가서 '들어주기'를 한다. 1 대 1 대면 관계를 통해 조직원은 주민들 스스로 직면한 문제점을 구체적으로 표현할 수 있도록 북돋아 준다. 이를 바탕으로 집단적 요구 사항을 알아낼 수 있다. "이런 밀착 접촉 덕택에 주민들은 반사적 자기 검열에서 벗어날 수 있습니다. 그들은 종종 자신의 요구 사항을 내세우는 행위가 부당하고 적절하지 않다고 여기기 때문이죠"라고 폴린 디아즈는 설명한다. 다음 단계로 〈시민동맹〉은 주민 개인 간 관계를 이어 준다. 노조, 협회, 학교, 여가 시설이나 종교 시설과 같이 서로 협조하고 연대할 준비가 되어 있는 '공동체들' 사이의 협력을 장려한다. 사회학자 엘렌 발라자르Helène Balazard는 유급 조직원들의 역할이 중요하다는 점을 자신의 책에서 다시 환기시킨다. "그들은 집단 활동으로 향하는 과정을 촉진시키는 역할을 한다. 이는 노조 활동가의 역할과 지역 발전 요원의 역할을 겹쳐 놓은 것과 같다."[51] 그렇기 때문에 조직원과 주민 사이 역할 분담에 있어서 세심한 균형이 유지되어야 한다. 주민들이 자신의 문제 해결을 위해 스스로 결정하고 선택할 의지를 갖는 게 중요하기 때문이다. 이런 조건이 갖추어졌을 때 마을 공동체 조직화 운동은 "사회 소외 계층의 힘을 키워 나갈 수 있다."[52]

〈시민동맹〉 활동의 두 번째 기반은 실효성이다. "사람들은 남들과 함께 무엇인가 하는 것에 관심이 있습니다. 집 밖으로 나오면 얻을 게 있기 때문이죠"[53]라고 엘렌 발라자르는 지적한다. '목표 대상'을 설정하는 것은 매우 중요하며, 그것은 특정한 권력(지역구 의원, 지역 기업 대표, 고위 공직자 등)을 가진 대상이어야 한다. 그래야 주민들의 요구에 답을 줄 수 있기 때문이다. 〈시민동맹〉은 주민들과 협력하여 특별한 전략을 수립하고(직접적이고 비폭력적인 방법이나 논의를 통한 압력 수단 결정) 채택한 방법에 따라 행동에 옮긴다. 비폭력적이고 평화로운 관계를 맺음으로써 대화를 통하여 변화를 이끌어 내는 것이 중요하다.

이러한 〈시민동맹〉의 활동은 여러 성공 사례를 낳았다. "2012년 그르노블 시에 있는 한 학교에서 화재가 나 교실 두 개가 무너져 내려앉은 사고가 일어났어요. 그러자 시장은 학교 학생들을 다른 학교로 분산 전학시키기로 했습니다. 학부모들은 학교 교정에 조립식 교실을 만들어 달라고 요구했으나 시장은 너무 많은 비용이 든다는 이유로 거절했습니다. 우리는 조직적 활동에 들어갔죠. 조사(학부모들은 조립식 건축업자에게 비용을 문의했고, 법률가를 만나 공공 경쟁 입찰 조건을 조사했다)와 공동 행동(비폭력적 방법으로 시청을 점거했다)을 통해 학부모들은 마침내 시 예산에 반영되어 있지 않았던 학교 재개축을 얻어 냈습니다"라고 폴린 디아즈는 회상했다. 비슷한 방법으로 〈외국인유학생협회〉는 다른 대학생 그룹과 연대하여 2년에 걸쳐 애쓴 끝에 도청과 대학이 학업에 필요한 행정 절차를 수정하고 간소화하게 했다.

안타깝게도 이러한 요구 민주주의는 프랑스에서 아직 잘 알려지지도, 체계적으로 조직되어 있지도 못한 것이 사실이다. 게다가 재정 지원도 충분하지 않다. 이런 문제를 해결하기 위해 모하메드 멕마슈Mohamed Mechmache는 〈파상누(Pas sans nous, 우리가 아니면 안 돼)〉라는 전국 연합을 공동 창설했다. 이 연합은 2014년 9월 설립되었으며 서민층을 위한 지역 노조의 하나다. 모하메드 멕마슈는 "낙후된 빈민 지역 주민들의 삶은 정치적 논의 대상에서 언제나 제외되어 왔습니다. 도시 변두리는 무법자 소굴이 아닙니다. 이곳은 오히려 문제 해결의 출발점일 수 있죠. 정치적 논의 테이블에 오를 수만 있다면 말입니다"[54]라고 주장한다. 〈파상누〉 연합은 시민 청구권 기금 조성을 위해 투쟁과 캠페인을 동시에 벌이고 있다. 그들의 목표는 정부를 설득해서 대의 민주주의 운영에 쓰이는 공적 자금(의회, 정당 지원비) 총액의 5퍼센트를 지원받는 것이다.

/ 디지털과 소외 계층의 행복한 결합

브라질에서는 〈뮤리오MeuRio〉라는 단체가 리우데자네이루 도시 빈민가 주민들을 지원하기 위해 디지털 서비스를 개발했다. 프로젝트 착안자 알레산드라 오로피노Alessandra Orofino는 이런 계획을 생각하게 된 동기를 다음과 같이 설명한다. "우리가 원하는 것이 학교든 주차장이든 대중교통이든 혹은 그 무엇이든 그것을 결정하는 주체는 바로 우리 자신입니다. 그리고 우리는 우리가 원하는 것이 무엇인지 알릴 수단이 필요하지요."[55] 그녀는 디지털 기술을 이용하면 사람들끼리 의견을 교환하고 행동에 나서거나 지역구 의원에게 요구 사항을 전달하기가 훨씬 쉬워진다고 말한다. 〈뮤리오〉의 열성적 지원 덕분에 주민들은 개인적이면서도 집단적이고 때로는 참신한 방법으로 활동을 펼친다.

빈민가에 있으면서도 학업 성적이 뛰어나 좋은 평판을 얻고 있던 학교가, 월드컵 경기를 위한 주차장 건설을 이유로 2012년 철거될 위기에 놓였다. 낮 시간에 출근해야 하는 부모들과 12살 이하 어린이들로는 학교 점거를 생각할 수가 없었다. 적당한 동원 방법을 찾아야 했다. 몇 주 만에 〈뮤리오〉는 학생과 부모들의 참여를 도울 수 있는 간단하면서도 뛰어난 방법을 찾아냈다. 학교 옆 은퇴한 노부부가 살고 있는 집 지붕에 웹캠을 설치해 24시간 학교를 감시하기로 한 것이다. 그 영상은 인터넷으로 전송되기 때문에 당국이 학교를 폐쇄하거나 부수려는 조짐이 보이면, 주민 누구라도 밤이건 낮이건 위험 신호를 보낼 수가 있다. 위험 신호가 감지되면 주민 1만 7천여 명에게 자동으로 문자가 전달된다. 이들은 연락처를 공개하고 비상시 즉시 달려 나오겠다고 약속한 사람들이다.

알레산드라 오로피노는 "이 방법은 대성공을 거두었어요. 당국은 결국 결정을 철회했고 학교는 지켜졌죠. 이 경험을 통해 시민 점거 운동을 위해 우리가 무엇을 지불해야 할지 다시 생각해 보았어요. 자기 마을을 위한 행동에 참여하기 위해 필요한 것은 시위를 두려워하지 않는 자세이며 정치적 정보나 특혜 같은 것이 아닙니다"[56]라고 강조한다. 현재 리우데자네이루 청년 15명 중 한 명이 〈뮤리오〉의 회원이며, 이는 20만 명이 넘는 숫자이다. 이 시민 운동 모델은 브라질 전역 25개 도시로 전파되어 공권력에 대항하는 진정한 시민 파워를 형성했으며 〈우리도시네트워크Our Cities Network〉[57] 조직의 일부로 통합되었다.

이런 다양한 시도는 적극적으로 시민의 권리를 행사하고 정부 독주를 막을 수 있는 새로운 무기이다. 이와 같은 시도로 시민들은 개별 혹은 집단으로 행동할 수 있는 힘을 더욱 키울 수가 있다. 그렇지만 알레산드라 오로피노는 모든 문제를 해결할 수 있는 기적의 약은 없다고 말한다. "성공적 협력 사례에 안주하여 우리가 세상을 구할 수 있다고 자만해선 안 됩니다. 우리는 단지 하나의 새로운 방식을 만들고 나눌 뿐이죠. 우리를 구할 수 있는 것은 테크놀로지가 아니라 정치권력 시스템과 힘의 균형에 불어 올 새로운 변화일 것입니다."[58]

자기 땅의
주인이
된다는 것

인간이 된다는 건 책임감을 갖는 것이다.
돌을 집으면 그것으로 세상을 건설하는 데 기여한다고 느끼는 것이다.

— 앙투안 드 생텍쥐페리, 『인간의 대지 *Terre des hommes*』, 1972

　　　　자기 땅의 주인이 된다는 것, 이것이 민주주
의 핵심이다. 민주주의는 사람이 살고 일하고 자라는 곳, 그들이
서로 알아 가고 인정하며 미래를 함께 건설해 나가는 곳에서 뿌리
를 내리고 꽃을 피우기 때문이다. 정치는 불가능의 예술이라는 고
정 관념에 맞서서 우리는 구체적인 유토피아, 다시 말해 사람들이
자신의 운명을 다시 걸머지고 개척해 나가는 새로운 땅을 찾아 나
섰다.

내 지역 정책은
내가 결정한다

참여 민주주의에 관한 연설과 담론이 넘쳐 나고, 최근 몇 년 동안 일반인들의 공공 정책 결정 참여를 돕는 대책들이 지방정부 안에서 급증했다. 지방의회(Conseil de quartier, 2002년 신설된 법에 따라 인구 8만 명 이상 도시에 설치), 시민심의회(Conseil citoyen, 2014년 신설된 법에 따라 도시 정책 최우선 지역에 설치), 개발위원Conseil de development 등을 들 수 있다. 1995년 국가 공공사업 토론 위원회 창설 이래, 대규모 국토 정비 프로젝트가 환경문제와 얽혀 있을 경우 시민들에게 의사를 물어 보는 사례가 크게 늘었다.* 다양한 시민 참여 방법이 늘고 있다.

그럼에도 기욤 구르그Guillaume Gourgues 교수가 강조하는 바와 같이[01] 위의 대책들은 모두 정부 기관에서 제안한, 즉 위에서 부여된 참여 형태이다. 이미 이루어진 합의조차도 상당수는 표면상의 합의일 뿐이다. 진정한 정치적 전망이나 힘의 균형 관계에 관한 고려 없이 '기술 관료의 참여'라는 결과만을 낳을 뿐이다. 로정고엘 Loos-en-Gohelle 시의 장 프랑수와 카롱Jean François Caron 시장은 냉정하

* 이러한 제도적 장치들은 시민 의회나 소규모 자문 기구와 같은 제도적 혁신을 통해 점차 보완되고 있다.

게 말한다. "그저 참여 민주주의를 실천하는 것처럼 보이기 위해 요식행위로 사람들을 불러 모아 놓은 것에 불과합니다. 참석자들에게 책임감만 떠넘기는 이런 행위는 참여가 아니라 오히려 그 반대라 할 수 있습니다. 마치 대형 쇼핑몰에서 소비를 하듯이 공공 활동을 소비하는 듯한 느낌이 듭니다."[02] 카롱 시장이 관할하는 로정고엘 시 역시 협의 및 협조 체계를 마련하여 시에서 다루는 모든 내용과 프로젝트를 처리하고 있다. 도시의 공공 프로젝트 수립 과정에 주민들이 참여하고(운영위원회), 의견을 말할 수 있도록(공개회의, 설문 조사) 주민 모두를 적극 초대한다. 또한 시민 참여를 독려하기 위해 온라인 시민 협력의 장을 만들고, 참여형 텔레비전과 '지역 교류 시스템(service d'échange local, SEL)'을 시작했다.

파리, 그르노블, 마드리드 같은 곳에서 이루어지는 참신한 시도들은 참여 민주주의를 '고려'하는 단계를 넘어서고 있다. 이들 도시는 무기력증에서 벗어나 시민들에게 진정한 의미의 결정권을 부여하기 위해 위험을 감수하고 다양한 실험을 하고 있다.

/ 시민이 참여하는 '창의적 예산'

만약 주민들이 자기가 사는 지역의 투자 지출과 관련된 결정을 직접 내릴 수 있다면 어떨까? '창의적 예산'이라고 불리는 이것은 시민 행동권 확보를 위한 기본적 원칙 중 하나이다. 예산안 투표는 전문적인 분야로 보이지만 사실 상당히 정치적 영역의 문제이다. 부의 재분배, 우선순위 결정, 지역별 재원 사용 등을 모두 고려하여 지역 예산을 결정하고 안배하기 때문이다.

참여 예산의 첫 번째 상징적 사례는 1980년대 말 브라질 포르투 알레그레 시에서 시행된 정책으로 거슬러 올라간다. 노동당은 지역 협회들과 협력하에 시 예산 지출 결정 과정을 주민들이 주도하도록 하는 법안을 구상했다. 지방의회와 지역별 대표자로 구성된 시스템을 통해 130만 명 시민들이 투자 우선순위와 예산 할당을 결정하도록 한 법안이다. 이 법안에 따르면 예산 결정은 다음 과정을 거쳐 이루어진다. 주제별, 분야별 총회에서 주민들이 우선 투자 대상을 결정한다. 그런 다음 선출된 대표자(주민 10명당 1명, 임기 1년)는 지역의 세부적 필요 항목을 설정하고 실행 계획을 수립한다. 이들 대표는 참여 예산 위원회에 참석하여 포르투 알레그레 시 의회가 통과시킨 예산을 최종 승인한다.* 2000년대에 접어들면서 이 정책은 라틴아메리카(에콰도르, 페루, 아르헨티나) 여러 도시와 유럽(스페인, 포르투갈, 이탈리아, 스웨덴, 영국 등), 그리고 아프리카(카메룬)와 아시아에까지 확대되었다. 최근 조사에 따르면 이 정책은 현재 전 세계 2,800여 도시에서 실시되고 있다고 브라질 연구원 오스마니 포르투 데 올리비에라Osmany Porto de Oliveira[03]는 밝혔다.

---

* 포르투 알레그레 시의 참여 예산 정책은 여전히 유지되고 있지만, 노동당이 여러 번의 지방선거에서 패배한 이후 예산이 크게 늘어나면서 비판도 많아졌다.

2015년부터 참여 예산 제도를 도입하기로 한 파리 시의 결정은 그 자체로 하나의 사건이었다. 프랑스의 수도가 참여 예산 제도를 채택했다는 것은 상당히 의미 있는 신호탄으로 여겨진다. 더구나 여기에 할당된 예산도 적지 않다. 2014~2020년까지 전체 파리 예산의 5퍼센트에 해당되는 금액(5억 유로)이 시민들 결정에 맡겨진다.** 누구든(개인이든 단체든) 자기 지역, 동네, 학교를 위해 예산을 써 달라고 온라인을 통해[04] 제안할 수 있다. 조건이 있다면, 그런 제안이 반드시 공공 이익에 들어맞아야 하며 지역 주민 모두가 혜택을 누릴 수 있어야 하고 파리 시 관할 지역에 속해야 한다는 점이다.

2015년 플랫폼에 접수된 요청 건수가 5,115건에 달했다. 197개의 프로젝트가 파리 시민 손으로 승인되었다. 식물 담장 조성, 학생들을 위한 공동 작업 공간 마련, 폐기물 분류를 위한 소형 운반식 처리 시설 같은 것들이 있다. 파리 시청에서 '지방 민주주의, 시민 참여 및 참여 예산' 고문으로 근무하는 알리스 기베르Alice Guibert는 이렇게 말한다. "이렇게까지 열렬한 호응을 받을 줄은 몰랐어요. 참여할 수 있는 장치와 조건만 충족된다면 시민들은 언제나 뛰어들 준비가 되어 있다는 사실을 보여 주는 예입니다!"[05] 예

** 물론 2005년 이후 도시 예산 100퍼센트를 주민들이 결정하고 있는 베네수엘라 토레스 시에 견주면 대단치 않아 보일 수도 있겠지만 파리 시와 같은 큰 '기관'에서 이 금액은 결코 적은 액수가 아니다.

산과 노력의 중복을 피하기 위해 2016년 예산 계획을 결정할 때 파리 시는 주민들에게 테마별 토론장에 참여해 줄 것을 요청했다. 그곳에서 시민들은 프로젝트를 토론하고 자신들의 계획을 나누거나 합치면서 예산 정책에 집단적 자문을 제공할 수 있다. 이 정책의 실효성을 보완하기 위해 파리 시는 주민들의 관심을 끌어올리고 그들이 계획을 온라인에 제안하는 과정을 옆에서 도와줄 청년들을 모집했다. "이런 노력은 성과가 있었습니다. 더 많은 계획이 제안, 수립되었기 때문이죠"[06]라고 시민 참여 담당 부책임자 폴린 베롱Pauline Veron은 설명한다. 프로젝트의 기술적 타당성 분석이 끝나면 시의원과 추첨으로 선출된 시민들로 이루어진 위원회가 실행에 옮길 최종 프로젝트 목록을 작성한다. 마지막으로 파리 시민들의 투표를 거치는데 온라인으로 투표하거나 지역에 설치된 이동식 투표소에서 투표가 가능하다.

참여 예산 정책은 투표와 더불어 주민들에게 지역 문제에 참여할 수 있는 또 다른 가능성을 제공해 준다. 이는 청년들이나 빈민가 주민 또는 외국인처럼 종종 제도권에서 벗어나 있는 사람들에게 관심을 돌리게 하는 효과가 있다고 폴린 베롱은 강조한다. 파리 시는 수도의 좋은 지역에 살면서 지역사회에 충분히 동화되어 있는 주민들이 아닌 소외된 주민들을 위한 가장 효과적인 방법들을 연구하고 있다. 확실한 것은 아니지만 그래도 참여 예산 운영 과정이 주민들에게 일종의 '교육' 효과를 나타내고 있다. 파리 시의원은 "파리 시민들이 점차 자신의 주변에서 일어나고 있는 일에 관심을 보이고 있습니다. 또 어디까지가 공공 이익인지 질문하며 지역 사회의 운영 및 기술적, 법적, 재정적 제약을 이해하게 되었습니다"라고 말한다.

그렇다 하더라도 참여 예산 정책이 모든 것을 해결해 주리라고 생각해서는 안 된다. 이 정책 경험이 세계로 전파*되기 시작하는 순간 정책적 소통 문제가 발생할 것이다. 정책 당국이 참여 예산을 이용하여 시민들을 행동에 나서도록 하려면 어떻게 해야 할까? 한편으로는 주민들로 하여금 규칙 결정에 참여하도록 해 주는 것이 매우 중요한 일로 보인다. 예를 들면 직접 민주주의에 '양보된' 예산의 총액이라든지 지역별 예산 할당 문제, 프로젝트 선정 및 투표로 정해진 프로젝트의 추진 과정에서 주민이 참여하는 문제 등을 정한 규칙들이다. 그런데 이런 규칙 결정에 주민이 참여하는 경우가 유럽에서는 매우 드물다. 또 다른 문제가 있다. 참여 예산 정책이 단순한 '기술적' 대책에 머물지 않고 주민 전체 삶의 질을 개선시킬 수 있으려면, 무엇보다도 사회정의 실현과 주민간 연대감 유지를 위한 강한 의지가 필요하다. 연구원 로익 블롱디오Loic Blondiaux의 지적에 따르면, 라틴아메리카 여러 도시에서 볼 수 있었던 평등과 재분배의 갈망이 프랑스 사례에서는 빠져 있는

* 오늘날 참여 예산 운동은 탈 세계화 운동 단체부터 〈세계은행〉에 이르기까지 전 세계의 모든 분야, 모든 운동 단체로부터 권장되고 있다.

경우가 많다.[07] 참여 예산 정책이 진정한 시민 결정권 운동으로 발전되려면 모든 노력과 시도는 바로 이 문제에서 시작되어야 한다.

/ 그르노블에 세운 새로운 민주 도시

결정권을 시민과 공유하는 폭넓은 의미의 생태계를 상상할 수 있을까? 이런 관점에서 그르노블 시는 매우 흥미로운 실험실과도 같다. 유럽 녹색당 출신이자 시민 단체 활동가 에릭 피욜Eric Piolle이 2014년 시장으로 당선되면서 '시민의 힘'을 전면에 내세웠다. 피욜 시장은 "우리는 그르노블에 새로운 민주 도시를 건설하고자 합니다. 권력을 시민들과 함께 나누는 시스템을 마련함으로써 불신의 풍토에서 벗어나 대립의 민주주의를 버리고 시민 협력의 민주주의로 나아가려는 것입니다"[08]라고 강조한다. 시장 곁에서 시민 참여 정책을 담당하고 있는 파스칼 클루에르Pascal Clouaire는 이렇게 말한다. "그르노블은 경제와 환경 면에서 변화하고 있는 도시입니다. 그런데 여기에는 민주적 절차의 변화도 뒤따라야 하죠. 시대의 변동에 적응하기 위해 변화는 반드시 필요하며, 그러한 변화에 이르려면 모두가 협력해야 합니다. 변화에 동의하지 않는 사람이나 이미 현역에서 은퇴한 사람들과도 말이죠."[09] 그는 또, "자신과는 상관없는 일이라고 말하는 사람들과 정책 과정에서 가장 배제된 사람들을 찾아가서 대화하려고 노력

합니다. 그들 중에는 사회에서 단절된 사람들도 물론 있지만 사회의 완전한 일원(예를 들면 회사 간부)이기는 하나 행동에 수동적인 사람들도 있습니다"라고 설명한다.

이브 생토메르가 말했듯이 시민의 참여는 법률로 강제한다고 되는 것이 아니라 제도적 장치를 통해서 촉진될 수 있다.[10] 2014년 11월과 2016년 11월 각각 개최된 시민 회의(600명 이상의 의원과 주민이 참석한다)는 공공 정책에 대한 점진적 재투자 계획을 시민들과 함께 실현하는 무대가 되었다. 참여 예산(2016년, 80만 유로)의 실행 외에 그르노블 시는 도시 각 구역별로 '시민 독립 위원회 Conseils citoyens indépendants'라는 새로운 조직을 설치했다. 일반 시민 40명(자원자 20명과 추첨으로 선발된 시민 20명)으로 구성된 위원회는 시의회에서 야당 의원들과 동등한 자격으로 시장에게 질의하며 지역 프로젝트를 제안할 권리를 갖는다.

의원들과 주민 간 권력 균형을 위한 가장 눈에 띄는 혁신은 '시민 청원 및 투표제'[11] 이다. 프랑스에서 유일한 이 실험으로 주민들은 정책을 결정할 직접적인 수단을 갖게 되었다. 자세히 설명하면 이렇다. 그르노블 시민은 누구나 시 당국에 정책을 개선하거나 원하는 방향으로 정책을 유도하기 위해 청원서를 제출할 수 있다. 2,000명 이상의 서명을 얻으면 시의회에 청원할 수 있고 의회는 이를 거부할 수 없다. 시의회의 승인을 얻으면 그 제안은 2년 이내에 실행되어야 한다. 시의회의 승인을 얻지 못하는 수도 있다. 예를 들면 청원의 내용이 그르노블 시민 다수와 관계된 환경 프로그램과 배치되는 경우 승인이 이루어지지 않는다고 시 관계자는 설명한다. 의회의 승인을 얻지 못하면 청원 내용은 매년 실시되는 주민 투표의 대상이 된다. 투표 결과 2만 표(인구 60만 명 이상일 때)* 이상의 지지를 얻으면 그 제안은 채택되고 실행에 옮겨진다.** 통과 기준을 2만 표로 정한 데에는 까닭이 있다. 파스칼 클루에르는 "이 숫자는 그르노블 시 당국의 합법성을 상징하는 숫자입니다. 지난 선거 최종 투표에서 획득한 표가 2만 표였기 때문이죠. 만약 그르노블 시민 2만 명이 어떤 제안을 찬성한다면 그 제안도 마찬가지로 민주적 합법성을 가졌다고 인정해야 합니다. 민주주의가 만든 것을 바꿀 수 있는 것은 민주주의밖에 없습니다"라고 설명한다. 시의회가 시민들 결정에 따라야 한다는 원칙은 의원들의 견고한 기득권을 뒤흔드는 것이다. 피욜 시장은 "우리가 진정으로 시민들에게 결정 권한을 주기로 한다면, 안락하고 편안한 우리의 안전지대로부터 빠져나올 용기가 필요합니다"라고 강조한다. 이어서 파스칼 클루에르는 이렇게 말한다. "기존의 전통적 대표들은 빠른 결정권을 잃었지만, 대신 우리는 행동하고 변화시킬 수 있는 집단적 힘을 얻었습니다." 그르노블 시의 경험이 놀라운 이유는

* 외국인을 포함해서 16세 이상 모든 주민이 투표권을 갖는다.
** 2016년에는 세 건의 청원이 진행 중이다. 하나는 '봉기의 밤'이 제안한 도시 농업 관련 청원이고, 두 번째는 공공장소에서의 음주 금지 확대에 관한 것이며, 세 번째는 전기 스케이트 보드 링키Linky 금지 요청이다.

그들이 보여 준 자발적 의지에 있다. 실험하고 필요하다면 규정을 개혁하려는 적극적인 의지, 그리고 제도 조직 안에서 변화를 시도하는 의지가 그것이다. "이것은 정치가 가지고 있던 기존 이미지의 때를 벗기는 일입니다. 권력을 주민과 나누고, 의원의 자리를 주민 가운데로 옮겨 놓음으로써 접근 불가능했던 높은 탑에서 내려오게 만드는 일이죠"라고 시장은 설명한다.

/ 온라인에서 움직이는 지방 정치

시민들과 함께 정책을 꾸려 나가는 것은 바르셀로나***와 마드리드 같은 도시들의 목표이기도 하다. 2015년 5월 24일 시장 선거에서 노동조합, 과거의 좌파 정당 당원, 해커, 환경 운동가 등으로 구성된 시민 연대 플랫폼 '아오라 마드리드(Ahora Madrid, 마드리드 오늘)'는, 스페인 수도 마드리드 시장에 전직 판사 출신 마누엘라 카르메나Manuela Carmena를 추천하고 당선시켰다. "시장으로 당선되었을 때, 시장이 된다는 것이 나에게 어떤 의미일까 자문해 보았습니다. 분명한 점은 내가 시민들과 함께 정책을 만들고 투명한 시스템을 수립하기를 원한다는 것이었습니다. 나

*** 포데모스와 좌파 정당, 시민들이 참여한 '바르셀로나 엔 코뮤 정치 연대Barcelona en comú réunissant' 후보로 선거에 나선 아다 콜라우(Ada Colau, 주택 담보대출을 갚지 못해 쫓겨나는 시민들을 위해 시민운동을 펼치면서 스페인에서 이름을 알렸다)는 2015년 6월 13일 바르셀로나 시장으로 당선되었다.

는 서민들의 가까운 이웃이 되기를 원합니다. 그냥 이웃이 아니라 우리 모두의 권리와 이익을 실현할 막대한 책임감을 가진 이웃입니다."[12] 시장은 이어서 말했다. "나를 대리할 대표를 선출하여 정책을 맡기던 지금까지의 시스템은, 어느 정도 직접 민주주의의 기술적 한계 탓에 유지되어 왔습니다. 인터넷은 이러한 기존의 한계에 의문을 제기합니다. 시민이 공공 정책에 훨씬 더 자유롭고 정기적인 방법으로 의견을 표현할 수 있게 된 지금, 우리는 과거의 민주주의 방식을 다시 생각해 볼 필요가 있습니다."[13]

마드리드 시 정책 책임자 파블로 소토 의원은 설명한다. "주민 스스로 조직하고 자기 자신의 대표자가 될 수 있도록 도구와 전략 개발을 도와주는 것이 정부 역할입니다. 5월 15일 운동에 참여했던 분노한 대중들과 함께 외쳤던 슬로건 '그들은 우리의 대표가 아니다'를 여전히 기억하고 있습니다.(1장 참조) 우리가 상대보다 더 대표성 있는 대표라고 주장하지 않습니다. 다만 우리 목표는 임기 동안 주어진 권력을 수단으로 사용하여 '진짜 민주주의' 실현에 필요한 변화와 시스템을 구축하는 것입니다. 시민들의 직접적인 정치 참여와 행동을 바탕으로 하는 진정한 민주주의 말입니다."[14]

새로운 시장과 그의 팀은 디지털 시스템을 토대로 한 정부 조직을 구축하고자 한다. 2016년 4월 실험 연구소, 〈민주주의를위한집단지성(DemIC)〉을 공식 출범시켰다.[15] 동물 세계의 집단 지성을 연구하는 과학자, 프로그래머, 사회 기업가, 사회학자 또는 디지털 도구를 활용하는 철학자 등 참여 인물도 매우 다양하다. 마드리드 시 개혁 정책의 큰 특징이라면 여러 컴퓨터 공학 천재들을 책임자로 영입했다는 점이다. 마드리드 시는 특히 〈시민재단Citizens Foundation〉[16]의 활동에서 많은 영향을 받았는데, 이 단체는 로버트 뱌르드나손Robert Bjarnason과 군나르 그림손Gunnar Grimsson[17]이 레이카비크에서 이끌고 있는 시민 기구로 현재 전 세계 수많은 도시에서 사용되고 있는 '당신의 우선순위Your Priorities'라는 웹 애플리케이션을 고안한 선구적 단체이다. 시민 참여 책임자이자 파블로 소토의 동지인 미구엘 아라나Miguel Arana에 따르면 디지털은 새로운 민주주의의 가능성을 열어 준다. 수천 명이 참여하는 토론회를 개최하고, 새로운 자료를 결정 과정에 반영시킬 뿐 아니라 구체적 경험과 다양한 의견을 실시간으로 볼 수 있게 해 준다.[18] "그야말로 지금까지 우리가 알아 왔던 고정된 민주주의 개념과 역할에 대한 공격이라고 할 수 있습니다"[19]라고 프로젝트 책임자 야고 베르메호 아바티Yago Bermejo Abati는 설명한다.

오픈 소스로 개발된 온라인 플랫폼 '디사이드 마드리드(decide. madrid.es)'*가 주요 도구로 사용된다. 시민 참여 민주주의를 위한 진정한 허브인 것이다. "플랫폼 개발은 시청의 문을 활짝 열어서 시민들이 자유롭게 출입하며 도시의 중요한 문제로 토론을 벌이고

---

* 이 플랫폼은 프리 소프트웨어 '콘설Consul'에서부터 시작되었으며 도시 계획가 몇 명의 도움과 시민사회의 기부금으로 개발되었다.

자기가 원하는 것을 결정할 수 있게 하는 것"[20]이라고 파블로 소토는 강조한다. 이 온라인 사이트에서는 마드리드 시 당국이 작성한 모든 자료, 참여 예산(2016년 한 해 6천만 유로)을 찾아볼 수 있으며 공개 토론장이 있어서 누구나 도시의 미래에 대해 의견을 교환하고 토론할 수 있다. 시 의원들은 플랫폼상에서 이루어지는 각종 제안과 토론 들을 주의 깊게 보면서 시 당국이나 주민들이 제안한 주제를 두고 찬성과 반대 의견이 어떻게 진전되어 가는지 직접 살핀다.

사이트에 올라온 많은 제안 중에서, 16세가 넘는 주민의 2퍼센트(54,128표) 이상 지지를 받은 제안은 국민투표에 부쳐지게 된다. 시 당국은 플랫폼상에서 결정된 결과를 존중해야 한다. 통과에 필요한 수치의 문턱을 넘은 제안은 아직 없지만 진행되는 추이를 보면 상당히 고무적이라고 할 수 있다.* 마드리드의 예에서 관심을 끄는 점은 직접 민주주의를 위한 어떠한 시스템도 갖고 있지 못하던 도시를, 파블로 소토의 말을 그대로 빌자면 "세계적 시민 참여 정치의 귀감"[21]이 되는 도시로 바꾸고자 했던 정치적 의지라고 하겠다.

---

* 플랫폼이 개설되고 불과 몇 달 후인 2016년 4월까지 총 1만 1천여 건의 시민 제안이 올라왔다. 그중 가장 인기 있었던 제안들은 2만 5천 표에 가까운 (예를 들어 티켓 한 장만으로 공공 대중교통을 이용하자는 제안) 찬성을 얻었다. 이 수치는 시의회에 상정되어 채택되기에 필요한 표의 절반 정도에 이른다.

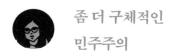

좀 더 구체적인
민주주의

시민과 '권력을 나누는' 시스템 이외에(물론 혁신적인 제도이다), 적극적인 시민권이 발휘될 수 있는 문화를 발전시키는 일 또한 중요하다. 알자스 지방 킹게르스하임Kingersheim 시 시장 조 슈피겔Jo Spiegel이 지적했듯이 "인간의 활동은 무르익을 수 있는 공간이 있을 때 꽃이 핀다. 토론과 참여, 결정 활동이라고 예외가 되겠는가? 공공의 공간을 만들고 우리의 생활 방식과 일상의 삶에 관여하고, 공공재산의 문제와 다 함께 잘 사는 문제에 기여하는 민주주의의 핵심 조건들이 바로 그런 활동이다."[22]

40년 전부터 자치 행정을 실시하고 있는 안달루시아의 마리나 레다Marina-leda[23], 대안적 생활 방식을 추구하는 브르타뉴 트레마가Tremagat[24], 생태적 전환 연구소로 불릴 만한 노르파드칼레Nord-Pas-de-Calais 지방 소도시 고엘Gohelle[25] 같은 곳에서 보듯이, 프랑스를 포함한 세계 곳곳에서 좀 더 나은 세상을 만들기 위한 창의적 실험이 이루어지고 있다. 이러한 구체적 유토피아는 예외 없이 민주주의를 추구한다. 시민들의 요구는 기존의 전통적인 민주주의 모델을 다시 생각해 보게 한다. 지금까지 민주주의는 행정부의 나태와 일부 지방의원들의 '귀족화' 경향 때문에 제대로 기능을 발휘할 수가 없었다. 자크 랑시에르Jacques Rancière[26]는 귀족화된 의원들이 은밀하게 자신들의 특권을 누리면서 일반 시민들을 무능력한 존재들로 깔봄으로써 민주주의를 보는 자신들의 '증오심'을 증명해 왔다고 말한 바 있다.

최근의 다양한 실험 가운데 특히 관심이 가는 예는 드롬Drôme 지방 마을 사양Saillans에서 2010년부터 진행되고 있는 시도이다. 인구 1,250명의 이 작은 마을은 일상생활 속에서 매일 구체적인 민주주의를 경험한다. 주민들이 경험한 근본적이고 열정적인 '역사'는 겨우 몇 달 만에 이곳의 정책 결정 과정을 급진적으로 바꾸었다.

/ 시청을 점거하다

이야기는 매우 단순한 사건에서 시작됐다. 2010년 당시 시장은 마을 근교에 대형 슈퍼마켓을 건설하려는 계획에 찬성했다. 대다수 주민들은 '평화롭게 살 권리'를 위협하는 이 계획에 반대하고 나섰다. 대형 슈퍼마켓이 들어서면 지역 경제 기반이 흔들리고 마을에 있는 수많은 소상점들이 폐업할 위험이 있었기 때문이다. 그럼에도 시장은 자신이 선출된 대표이므로 결정을 내릴 정당한 권리를 가지고 있다는 논리를 대면서 그 계획을 관철하겠다며 고집을 꺾지 않았다(대형 슈퍼마켓 건립은 그의 선거 프로그램 안에 언급된 적조차 없다). 대형 슈퍼마켓 건설 계획에 반대하여 가장 먼저 시위에 나선 사람 중 한 명인 다비드 구르당David Gourdant은 이렇게 말한다. "그 일을 계기로 시장이 가질 수 있는 권한에 눈을 뜨게 되었습니다. 느닷없이 발생한 이 사건으로, 이런 프로젝트 하나가 우리 모두에게 영향을 끼칠 수도 있다는 것을 깨닫게 된 것입니다."[27] 점차 반대하는 사람들이 늘어나고 시위가 크게 번질 상황이 되자, 시장이 고집을 꺾지 않았음에도 슈퍼마켓 공사 계획은 취소되었다. 이후 사람들은 슈퍼마켓 건설 계획에 반대했던 에너지를 그대로 모아서 할 수 있는 일이 무엇일까 고민하기 시작했다.

2014년 지방선거를 6개월 앞두고 일부 주민들이 곧 임기가 끝나는 시장에 대항해 시민 집단 합의체 명단을 구상했다. "정확하게 뭘 어떻게 해야 하는지도 몰랐지만 시장이 독립적으로 결정을 내리는 관행을 막고 다른 방식으로 마을을 운영해야 한다는 데 의견이 일치했습니다"라고 다비드 구르당은 설명한다. 이웃 마을 디Die의 사회복지 센터장이며 적극적인 시민 활동가인 트리스탕 레쉬Tristan Rechid는 이렇게 말한다. "말로만 참여 민주주의를 떠드는 것이 아니라 참여 민주주의를 '하려는' 것입니다! 우리에겐 공약도 후보도 없습니다. 집단 합의체 명단은 주민들 모두의 뜻이며 시의 프로젝트를 직접 결정하는 자도 역시 주민입니다."[28]

트리스탕 레쉬는 선거 캠페인을 맡았다. 몇 주 동안 100명 이상

의 주민(마을 전체 인구의 약 10퍼센트)들이 모여 사양의 미래를 생각
했다. 네 번의 회의를 통해 주민들은 마을에 어떤 문제점과 좋은
점이 있는지 살펴보고 앞으로 5년간 집중적으로 추진해야 할 사
항을 결정했으며, 선거에서 승리할 경우 임기 동안 시작해야 할
구체적인 프로젝트도 결정했다. 마지막 회의는 준비된 프로그램
을 공개적으로 프레젠테이션하는 시간이었다. 레쉬는 이 모든 과
정에서 가장 중요한 요소를 다음과 같이 설명했다. "스스로 꿈을
꾸는 것입니다. 우리가 원하는 마을이 어떤 것인지 상상해 보는
일은 정책 결정 과정에서 곧잘 잊히는 단계이기도 합니다. 물론
모든 것이 상상한 대로 이루어지지 않으리라는 사실을 잘 알고 있
지만, 이런 집단적 상상의 투영이 주는 효력은 지대합니다." 이와
병행하여 자원한 주민들로 구성된 실무 그룹이 조직되어 시장의
전통적인 권한이 무엇인지, 그리고 참여 민주주의가 무엇인지 토
론하고 자문했다.

　명단을 작성하기 위한 후보자 선정 작업은 마지막 단계이다. 후
보자를 결정하기 전에 프로그램을 먼저 정하기로 했기 때문이었
다. 후보자를 정하는 과정도 새로웠다. 트리스탕 레쉬는 그 과정
을 이렇게 설명한다. "먼저 지원자를 모집했습니다. 명단 첫머리
에 누가 오를지, 그리고 후보들의 순서는 어떻게 정할지를 결정하
는 데는 두 가지 기준이 있었습니다. 바로 지원자들의 지원 동기
와 마을 일에 시간을 쏟을 수 있는지 여부였습니다." 야간 당직자

로 근무하는 뱅상 베이야르Vicent Beillard는 회의 당일 참석하지 못했다. 그래서 그는 자신의 이름이 명단 첫머리에 올랐음을 이메일로 통보받았다.

그 결과 2014년 3월 23일, 기존 시장이 문제없이 승리하리라는 예측을 뒤엎고 사양 시민 80퍼센트가 참가한 선거에서 57퍼센트의 지지를 얻어 승리를 거두는 이변이 발생했다!

/ 뻔뻔한 시민들이 일군 평등한 정치

선거 이후 사양 마을에는 새로운 바람이 불고 있다. 이 마을의 경험이 다른 곳과 차이가 있다면 바로 민주주의 요구 수준이 상당히 높다는 점이다. 선거 캠페인 동안 주민들은 세 가지 강력한 기본 요건을 강조했다. 투명성과 자유로운 정보 접근권, 시청 행정에 있어서 시장과 부시장의 전횡을 막기 위한 집단 합의제, 그리고 마을 정책과 운영에 시민의 참여를 보장할 것 등이었다.[29] 열정적이었던 선거 캠페인의 여세를 몰아 새로 시청을 책임지게 된 담당자들은 그들의 계획을 구체화할 방법을 모색했다. 사양의 새로운 의원 사빈 지라르Sabine Girard는 "우리는 그야말로 뻔뻔하게 막 밀어붙였습니다. 에너지도 넘치고 확신도 있었죠. 하지만 우리에겐 무엇을 해야 할지 구체적이고 준비된 전망이 없었습니다. 우리는 모두 정치에 완전히 초보였어요. 하나하

나 더듬거리며 앞으로 나아가고, 앞으로 나아가며 생각합니다"라
고 말한다.

시청의 새로운 책임자들은 시장을 높은 사람으로 떠받들어 모
시는 관행을 반드시 없애길 바랐다. 그 결과 시장을 권력으로부터
떼어 놓았다. 로익 블롱디오Loïc Blondiaux는 자신의 책『민주주의의
새 정신Le nouvel esprit de la démocratie』에서 이렇게 단언한다. "대부분 지
방의회 의원들은 시장을 칭송하고 그의 타고난 민주적 감각을 예
찬한다. 시장의 민주적 역량을 향한 이런 옹호와 칭송은 프랑스
지방정부에 거의 군주적 관행으로 남아 있다. 이런 관행은 시장의
양손에 거의 전권을 부여하여 지방 행정부의 수장이면서 동시에
지방의회 의장까지 겸하고 있다."[30] 사양의 새로운 시장 뱅상 베이
야르는 경험을 토대로 이렇게 분석한다. "시장으로 선출되면 자
리가 사람을 만듭니다. 처음에는 심지어 꼬마 아이들마저도 '무슈
르 메흐!(시장님!)'라고 쨍쨍거립니다. 이런 것이 사람을 우쭐하게
만들 수 있죠. 자기 자신에 대한 충분한 성찰이 없이는 금방 거만
해져 머리를 치켜들고 이 상황에 재빨리 적응해 버릴 겁니다."[31]

팀워크를 활성화하고 좀 더 균형 잡힌 권력 배분을 위해 시장-
부시장 파트너 시스템을 도입했다. "나는 혼자 무리를 이끄는 수
탉이나 정신적 지도자가 되고 싶지는 않았습니다. 나는 닭장 안에
있는 닭이 아닙니다. 하지만 많은 사람들은 모든 것을 바꿀 수 있
는 실질적 힘을 가진 사람은 오직 시장뿐이라고 생각해 자꾸 시장

만 찾으며 이야기하고 싶어합니다. 그래서 회의가 있을 때마다 우리는 파트너 관계에 있는 멤버는 누구나 같은 권한을 가지고 있으며 상호 대체가 가능하다는 점을 두루 알렸습니다." 이 시스템은 훨씬 효율적일 뿐만 아니라 강력한 시장의 영향력을 분산할 수 있는 변화, 즉 문화적 변화를 가능케 한다. 이 아이디어는 시 당국으로 확대되어 선출된 의원 15명이 함께 일하며 파트너십 관계하에 시정을 꾸려 가고 있다. 현재 시의원으로 일하고 있는 다비드 구르당에 따르면 이 시스템은 언제나 파트너의 도움을 얻어 의논하에 결정이 이루어지기 때문에 한 사람이 단독으로 결정 내리는 것을 예방한다.

팀 내부 단결을 강화하기 위해 매월 지급되는 수당을 바람직하게 분배하기 위한 논의가 이루어졌다. 수당은 3등급으로 나뉘었다. 1등급은 시장과 부시장으로 1,000유로에 조금 못 미치는 금액이며, 2등급은 260유로, 3등급은 158유로로 결정했다. 각 선출 대표는 자신이 희망하는 금액을 밝힌다. 사빈 지라르의 설명에 의하면 "모든 과정이 투명하며 각 대표는 자신의 소득과 공공 업무 종사로 생긴 개인의 재정적 손실을 감안하여 자신의 수당을 산정"한다. 그 결과 대부분의 대표들은 최저 수준의 수당을 선택했다. 이러한 과정은 수행한 업무를 인정해 준다는 상징적인 중요성도 있지만, 무엇보다 모든 사람들에게 동등한 권리와 동등한 규칙이 적용되지 않는다면 집단 합의 제도는 유지되기 어렵다는 점에서 특히 중요하다. 시정의 효율적 운영을 위해서 시 당국은 내부의 의사소통 활성화에도 특별한 관심을 기울였다. 이를 위해 조정 위원회가 신설되어 선출된 대표들을 서로 이어 주고, 그들 사이에 토론과 의견 교환이 비공식적으로 자유롭게 이루어질 수 있도록 돕는다. 이 시스템의 장점은 조직 내부에서 다양한 주제로 상당히 유연한 논의가 이루어질 수 있다는 점이다. 시청 내부 조정 위원회와 더불어 한 달에 두 번 공개 조정 위원회가 열린다. 일반에 공개되는 실무 회의에는 선출 대표 모두가 참석한다. 이 회의는 형식적 결정 기관인 시의회와 대비된다. 다비드 구르당은 "예전에 시의회에서는 모든 것이 은밀하게 이루어졌고 토론도 형식적인 시늉에 그쳤습니다"라고 말한다. 집단 합의제, 의원들의 수당 제한, 파트너십하의 업무 등은 모두 권력 사유화와 고립을 방지하고 주민들에게 다가가기 위한 방책이다.

/ 사양, 민주주의 실험의 거점이 되다

　　　　　사양 시의 운영은 일상에서 주민과 함께하려는 의지 면에서 다른 곳과 구별된다. 트리스탕 레쉬는 시 당국의 철학을 이렇게 설명하고 있다. "우리는 기존 논리를 뒤집었습니다. 우리에게 시의원직은 대접받는 높은 자리가 아닙니다. 의원은 주민들의 요구 사항을 잘 듣고, 그들이 필요로 하고 원하는 것을 바탕으로 일합니다. 시의원은 주민을 대표한다는 의식에 쌓여 프로젝트를 마음대로 결정하는 사람이 아닙니다." 따라서 공공 이익을 찾아내고 결정하고 수립하는 방식에 있어서 예전과는 다른 시각을 가지고 있다. "우리는 어떤 의견이든 나름대로 가치가 있다고 생각합니다. 따라서 토론회를 개최하고 주민들의 다양한 의견에서 공통분모를 찾으려 노력합니다. 우리는 사람들이 서로 타협할 수 있는 마법의 길이 존재함을 자주 확인합니다. 당신과 상관없는 어떤 제안에 당신의 개인적 관심사를 얹어 놓는다고 생각해봅시다. 그러면 사람들은 그 결정을 받아들일 뿐 아니라 적극적으로 참여하게 됩니다"라고 레쉬는 이어서 설명한다.

마을 주민들의 이런 참여는 독특한 모임을 낳았다. '프로젝트 실행 그룹'이라는 소규모 그룹을 여러 개 만들어서, 참여를 원하는 주민들이 마을의 구체적 프로젝트에 뛰어들어 실행에 옮기도록 한 것이다. 공공장소 조명 작업이나 개표기 설치, 마을의 역사적 유물 관리 또는 사회복지 활동 같은 프로젝트가 그 예이다. 뱅상 베이야르 시장은 이렇게 설명한다. "도시 조명 설치 계획의 경우, 우리가 이 계획을 전문가에게 맡겼더라면 이토록 훌륭한 결과를 얻지 못했을 겁니다. 시민들이 수립한 계획서에는 모든 세부 사항이 고려되어 있었죠. 그들은 계절, 요일, 공공 축제, 지역, 습관과 주민들의 불편 사항까지 모든 요소를 고려해서 조명을 설계했던 것입니다. 우리는 비용을 절감하면서도 예전보다 훨씬 뛰어난 계획서를 얻을 수 있었습니다. 모든 과정은 주민들이 저마다 보유하고 있는 전문 능력이라는 토대 위에서 가능했습니다. 그들은 저마다 마을과 거리의 전문가입니다. 그 어떤 자격증보다 체험에서 얻어지는 능력이 빛을 발휘합니다. 민주주의 실현에 시간이 걸리는 것은 사실이죠. 우리는 더디게 나아가지만 훨씬 더 똑똑하게 가고 있습니다"라고 베이야르 시장은 강조한다.

트리스탕 레쉬는 "우리에게 중요한 것은 과정입니다. 우리는 카드를 뒤섞어 놓고, 주민들이 어떻게 마을의 운명을 다시 손에 집어 드는지 보고 싶습니다"라고 말한다. 시민들이 정한 규정들이 민주적 방식으로 요구에 맞게 잘 진행되는지 확인하기 위해 트리스탕 레쉬의 제안에 따라 '자문 위원회'가 만들어져서 참여 활동에 '감시자' 역할을 담당하고 있다. 이 위원회 멤버들은 모든 기관을 정기적으로 방문하여 업무가 상호 협조하에 순조롭게 돌아가는지 점검한다. 그들은 의원들에게 시민 참여 서비스 정책의 개혁과 관련된 의견을 제안하고 의원과 시민 들에게 집단 협력 기술을 가르친다. 그리고 클레망 마비 연구원의 도움을 받아 자문 위원회는 기관들의 활동 과정을 세부적으로 평가한다.

그러나 시민들의 정책 참여 활동에는 나름의 문제점이 있으며 의원들도 그 점을 잘 알고 있다. 사양 시의 새로운 정치적 시도는 다른 시의 '정치 귀족'들을 불편하게 했다. 따라서 주변 지역으로부터 배척당하는 경향이 있다고 사빈 지라르는 말한다. 지역 간 공동 협력이 필요한 정책을 결정할 때, 사양 시가 다른 도시 당국으로부터 배척당함으로써 마을 간 갈등 시 중재 과정에서 불이익을 받을 수도 있다. 다른 도시 당선자들은 사양 시에서 진행되는 일을 제대로 이해하지 못한 채 자신들에게 피해가 될까 두려워한다. 게다가 다비드 구르당에 따르면 이런 어려움도 있다. "임기 2년이 지나면 사양의 시정 책임자들이 지치게 됩니다. 쌓이는 이메일에 힘들어하고 수많은 회의에 얽매여 꼼짝 못 하죠. 이런 상황에서 제한된 몇몇 시민들과 함께 일에 매몰되다 보면 정책이 진척되지 못하고 빙빙 겉돌 수가 있습니다." 위원회별로 10명에서 30명의 인원이 참여한다. 참여할 수 없거나 원하지 않는 사람들에게는 무슨 제안을 할 수 있을까?* "참여 민주주의가 유지되려면 운영하는 멤버들이 지속적으로 교체되어야 합니다"라고 베이야르 시장은 단언한다.

여러 난관에도 성공적인 진척을 보였다. 클레망 마비에 따르면, "전체 주민 1,250명 가운데 마을의 대책에 가끔이라도 참여한 인원이 300명에 달했습니다. 이 숫자는 정말 대단한 것입니다."[32] "모든 사람들이 진정한 의미의 집단적 권한 분산을 실현하는 데 성공한 것이죠. 다른 곳들과는 다르게 여기에서는 어떤 정책도 단

---

* 이 문제를 해결하고 더 많은 사람들이 5년 동안 참여 방법을 선택할 수 있도록 하기 위해서 시 당국은 좀 더 쉽게 다가갈 수 있는 다른 시스템(지방 주민선거나 디지털 도구의 개발 등)을 실험하려고 계획 중이다.

한 사람에게 의존하지 않으며 공동의 책임이 됩니다"라고 마비는 계속해서 설명했다. 또 다른 성공의 열쇠가 있다. 어떤 문제가 발생할 때, 초기에 그 문제와 관련된 당사자들이 모의 논쟁과 토론으로 해결책을 찾으려는 노력이 그것이다. 그들이 원하는 것은 민주주의를 이론적으로 다시 생각해 보려는 것이 아니라 시장 한 사람에 의해 이루어지는 권위적 방식의 결정과 관행에 맞서 대항 모델을 제시하는 데 있었다. 정치 역학 관계 안에서 민주주의를 재정립하는 것, 이것이 이 프로젝트가 갖는 의미이다.

사양 시의 이러한 모험은 많은 관심을 받고 있다. "학생, 정치인, 시민 단체, 기자 들로부터 거의 하루에 한 번 꼴로 문의가 들어옵니다. 우리 역할은 우리 마을의 실험이 다른 곳에서도 가능하다는 걸 알리는 일입니다. 민주적 혁신을 일깨우고 우리가 이를 실현한 유일한 사례가 아님을 보여 주는 것이죠"라고 트리스탕 레쉬는 말한다. 이곳에서 시도한 민주주의 모델이 다른 곳에서도 가능하도록 돕는 것은 사양 시 자문 위원회의 활동 목표이기도 하다. 이 위원회는 사양의 실험을 더 자세히 알고 싶어 하는 이들을 위해 체험의 장을 제공하고 있다. 또한 2015년 9월 '알고 싶은 민주주의Curieuses démocraties'[33] 페스티벌을 개최하여 프랑스 도처에서 실험되고 있는 참여 민주주의 프로젝트 방식, 그 장점과 한계를 검토하고 토론했다. 사양 프로젝트 책임자들은 다음 지방선거 때에는 전 지역에 걸친 단체와 시민 들이 참가하는 50여 개의 명단이 만들어질 것으로 예상한다. 그들은 세계적으로 이 모델이 확대되기를 바라고 있다. 프랑스 전국 3만 6천개 마을을 진정한 시민 참여 혁신 실험실로 만들려면 무엇이 필요할까? 〈우이빌Ouiville〉[34], 〈시보크라시Civocracy〉[35], 〈시민의 땅〉[36] 같은 단체 활동가들은 지방정부 대표와 시민 들 사이를 이어 주는 여러 도구와 방법을 제안한다. 그들은 지방정부를 도와 시민들이 지방의 정책과 프로젝트에 적극 참여할 수 있는 방법을 연구한다.

모든 것이 정치다!

현재 우리 사회는 독일 사회학자 울리히 벡Ulrich Beck이 말하는 '위험 사회'[37]에 막 들어서 있다. 다시 말해 사람들이 사회의 존재 자체가 위협당하고 있다는 인식을 갖게 되었다. 환경 생태적 재난, 산업 위기, 전염병의 출현과 테러에 이르기까지 다양한 요소가 사회를 위협하고 있다. 이런 위험 앞에서 우리는 새로운 형태의 민주주의와 집단 해결 방법을 발전시킬 필요가 있다고 울리히 벡은 역설한다. 지금처럼 복잡다단한 세상에서 시민들이 그저 선출된 대표들과 공권력에만 의지해서는 주변에서 일어나고 있는 모든 문제를 해결할 수 없음이 확실하다.

프랑스 두Doubs 주의 레 프어미에 사팽Les Premiers Sapins 시 피에르-프랑수아 베르나르Pierre-François Bernard * 시장에 따르면, "땅은 재발견되고 있는 공공재산이다." 각종 협회, 기업, 공공 단체와 시민 들은 그들이 할 수 있는 한, 자기 지역에서 구체적인 활동을 펼치려고 노력한다. 우리 사회는 변화의 길로 접어들었으며 우리는 각자 그 속에서 막중한 역할을 부여 받아 수행해 나가고 있다.[38]

---

* 그는 〈기업자금출자협회Franche-Comté Active〉의 현 회장이면서 두 지방과 쥐라Jura 지방 〈낙농협동조합〉의 전임 조합장이었다.

그렇다면 우리가 몸담고 있는 사회에서 이러한 새로운 형태의 조직을 자문해 보는 것은 당연한 일이다. 변화를 보여 주는 다양한 방식들이 있지만 우선 몇 가지만 골라서 살펴보기로 하자.

/ 소비자에서 생산자가 된 시민들

예전의 시민들은 남이 마련해 준 공공 정책의 단순 '사용자'로만 여겨졌지만 그런 시대는 이제 지나갔다. 아직 많지 않지만, 점점 더 많은 지방정부 대표와 공무원 들이 창의적으로 일하며 시민, 개혁가 들과 협력하여 공공 문제의 답을 구하기 위해 다양한 시도를 하고 있다. 〈27번째지역27eRegion〉은 공공기관과 협력하에 새로운 혁신 방식을 실험하기 위한 연구 활동 프로그램을 운영하는 단체이다. 이 단체의 대표 스테판 뱅상Stephane Vincent은 자신의 분석 결과를 우리에게 소개한다. "현재의 공공 정책은 기본부터 꼭대기까지 모두 다 재검토해야 합니다. 공공 정책 활동은 디자인적 요소 또는 사회과학과 같은 다多전공 영역성에 기반을 두고 이루어져야 합니다. 무엇보다도 아마추어와 시민 들의 활동을 적극 요청해야 합니다. Do It Yourself,** 평생 교육, 혁신적 개혁가들의 오픈 소스[39]와 같은 활동을 활용해야 합니다."

** "Do It Yourself"의 철학은 간단한 공작이나 수리 작업을 부추기며 각자가 구경꾼이 아닌 주체가 되어 할 수 있는 활동의 개발을 주장한다.

어떤 도시의 시장들은 시민들의 참여가 시 행정 운영에 가져다 줄 긍정적 효과를 충분히 이해하고 있음을 보여 주었다. 그런 도시들은 내부에 일종의 '공공 혁신 실험실'을 만들어 시민사회와 새로운 협력을 촉진하고 있다. 코펜하겐의 〈민트라브Mindlab〉[40]이나 헬싱키 〈디자인랩Design Lab〉(이후 문을 닫음)이 그 선구자이다.

멕시코의 예를 살펴보자. 2013년 가브리엘라 고메즈-몬트 Gabriella Gomez-Mont가 창설한 〈도시연구소Laboratorio para la Ciudad〉[41]는, 아메리카 대륙 최대 메갈로폴리스의 각종 문제들을 해결하기 위한 프로젝트의 인큐베이터이다. 이 연구소의 소장 고메즈-몬트는 이렇게 소개한다. "우리 연구소는 공권력의 추진력과 시민의 재능을 수평적으로 결합하여 더욱 협력적이며 창의적인 정책 운영 방법을 찾아내려 합니다. 그럼으로써 점점 더 복잡해지는 각종 도전에 직면한 도시들에게 새로운 해결 방법을 제안하고 실험하려는 것입니다."[42] 그 예로 연구소는 '마파톤 CDMX Mapaton CDMX'라는 프로젝트를 제안한 바 있다. 3,000여 명이 시내버스와 소형 승용차의 일일 주행 코스 1,400만 개를 참고하여 데이터베이스를 만들어 냈다. 지금까지는 이들 대중 교통수단에 대한 제대로 된 정보가 없었다. 이 프로젝트의 목표는 주민들에게 더 나은 서비스를 제공하려는 것이지만, 이 자료를 바탕으로 공공 이익에 맞는 새로운 프로젝트가 만들어질 수 있는 환경을 가꾸려는 의도도 있다.

칠레의 〈정치연구소Laboratorio de Gobierno〉[43] 역시 시민사회에 다양하게 퍼져 있는 재능을 모아 협력을 통해 새로운 해결 방법을 모색하는 연구소이다. 리콜레타Recoleta 지역 병원들이 환자들로 넘쳐 더는 주민을 위한 치료가 불가능한 상태에 이르렀다. 이에 따라 〈정치연구소〉는 정부 보건 당국의 지원하에 2015년 여름 '임팍타Impacta' 프로그램을 제안했다. 이 연구소가 제안한 것은 공공 혁신 대회로, 시민들로 하여금 아래 질문의 해결책을 생각해 보도록 한 것이다. 어떻게 하면 포화 상태인 병원의 혼잡도를 낮추면서 모든 환자에게 의료 서비스를 제공하고, 더불어 질병 예방을 효과적으로 실현할 수 있을까? "한 달 만에 208개 제안이 칠레 각지에서 날아들었습니다"[44]라고 후앙 펠리페 로페즈 에가냐Juan Felipe López Egaña 소장은 말한다. 지원자들 중 선택된 팀들을 따로 초대해 5주에 걸쳐 집중 연구에 참여하도록 했고 행정부, 사용자, 전문가들과 함께 공동으로 제안을 수립했다.

한국의 수도 서울에서는 인권 운동가 출신으로 2011년 서울시장에 당선된 박원순 시장이 '서울시 나눔 프로젝트Sharing Seoul Project'[45]를 추진했다. 이 프로젝트의 목표는 서울시의 대도시화(인구가 1,000만 명에 달한다)로 발생한 사회 경제적 문제를 해소하고 주민들의 생활환경을 개선하려는 데 있다. 서울시는 스타트업 업체와 일반 시민들이 시 당국의 공개된 공공 데이터를 활용하여 사회적·경제적 목적의 협력 애플리케이션을 개발하도록 지원한다. 주차 공간 공유 서비스, 빈방 임대, 아동 의류 교환, 노인-대학생 룸

셰어링 등 다양한 부문에서 효과가 나타나고 있다.

다양한 분야*에서의 이러한 시도는 암스테르담이 위키시티 Wikicity**라고 이름 붙인 개념을 탄생시켰다. 암스테르담 도시계획부 부책임자인 제프 헴멜Jeff Hemel은 위키시티를 이렇게 정의한다. "도시를 일종의 거대한 집단 두뇌처럼 활용하는 것입니다. 주민들의 전문적 능력과 지식, 아이디어와 제안을 활용하여 도시가 앞으로 나아가야 할 방향을 고민하는 두뇌인 것이죠."[46]

/ 토지를 공공 자산으로

정부가 추진하는 공동 프로그램 이외에 시민들 스스로 주체가 되어 지역의 환경문제 해결을 위해 뛰어드는 경우도 늘고 있다. 민주주의는 정부 기관의 영역에만 머무는 것이 아니기 때문이다. 민주주의는 사회적 프로젝트이기도 하다. 사회정의와 사회적 동화, 평등의 실현을 위해 시민들이 일상생활에서 함께 힘을 합치는 문제이다. 물론 정부의 적극적 노력과 활동

* 다른 예로 세계 시민들은 오픈 스트리트 맵Open Street Map을 이용해서 보호해야 할 자연 환경 지도 작성에 참여할 수 있다. www.openstreetmap.org
** 위키시티의 활동에 영향을 받아 안느 이달고Anne Hidalgo는 2016년 6월 파리에서 뉴욕 〈시빅홀Civic Hall〉을 본 따 같은 이름의 단체 〈시빅홀〉을 창설했다. 〈시빅홀〉은 시빅 테크Civic Tech의 주역들을 한 자리로 불러 모으려는 목적으로 창설되었다. 시빅 테크란 권한을 시민들에게 돌려주거나 더 간단히 말해서 시민들의 일상생활 및 정부와의 관계를 개선하려는 새로운 기술이다.

도 필요하지만, 시민 차원의 개인적이면서도 체계적인 참여를 북돋아 주는 일은 지역과 사회의 변화를 촉진시킨다는 측면에서 아주 중요하다. 프랑스의 〈레콜라브레스Les Colibris〉[47]와 〈알테르나티바Alternatiba〉[48] 같은 단체의 활동이 그런 예이다. 이들 단체는 환경 생태 변화 운동에 관심 있는 시민들로 조직되어 있으며 개인의 변화가 사회와 집단의 변화를 가능케 한다는 인식을 기본 원칙으로 삼고 있다. 주로 '사회 연대 경제'[49] 분야에서 이루어지는 이들 시도는 오늘날 우리 사회가 안고 있는 여러 문제들을 시민들과 함께 고민하고 해결책을 찾아보려는 목적을 가지고 있다. 그런 노력을 보여 주는 다양한 예가 있다. 완벽한 설명은 아니겠지만 몇 가지를 살펴봄으로써 그 활동의 이해를 돕고자 한다.

프랑스 농경지의 과도한 개발과 부동산 투기 바람에 맞서 '토지 연대 운동Terre de Liens'[50]이 2003년 시작되었다. 사라져 가는 농경지를 보호하기 위한 노력을 기울이며 유기농과 농가 주도 사업을 실천하고자 하는 사람들이 현지에 자리 잡을 수 있도록 도와준다. 이러한 활동은 시민과 단체의 적극적인 참여를 기반으로 이루어진다. '토지 연대 운동' 조직 중 공공 재단의 경우 농가로부터 유산이나 기증을 받고, 또 다른 조직인 부동산 회사는 일반인으로부터 저축을 모집하거나 기부를 받거나 농경지를 취득할 수 있다. 취득된 농경지는 단체의 윤리 규정(특히 유기 농사) 준수를 약속한 농부에게 임대된다. '토지 연대 운동'이 생각하는 토지는 개인의 소유물이 아니며 다음 세대 젊은이들에게, 한 세대에서 다음 세대로 전해지는 공공의 재산이다. '토지 연대 운동'이 시작된 뒤 120개 (명) 이상의 농가, 농부 제빵사, 밭농사 농부, 재래 품종 재배자 들이 이런 방식으로 농촌에 정착했고, 2,500헥타르의 농경지가 부동산 투기로부터 보호받을 수 있었다. 이 운동은 시민이라면 누구나 참여할 수 있어 농부와 시민 들의 관계를 다시 이어 준다. '토지 연대 운동'에서 자원봉사를 하거나 이곳 부동산 회사에 저축을 함으로써 농촌의 미래를 보장할 뿐 아니라 우리의 먹거리와 환경을 지킬 수가 있다.

에너지 문제는 우리가 해결해야 할 또 다른 숙제이다. 현재 프랑스 에너지 정책은 원자력 에너지와 화석연료의 과도한 개발 위주로 이루어져 수많은 환경적, 경제적, 사회적 불균형을 가져오는 원인이 되고 있다. 이런 상황을 거부하고 지역 주민들과 함께 지속 가능하고 현지 원료를 이용하여 공유될 수 있는 에너지를 생산하려는 시도가 진행되고 있다. 이런 측면에서 줄리앙 노에Julien Noé는 〈에네르코프Enercoop〉[51]의 창설과 발전에 큰 기여를 했다. 〈에네르코프〉는 100퍼센트 재생 가능한 전기를 공급하는 프랑스 최초의 업체이다. 이 협동조합은 현지에서 독립적으로 에너지를 생산하는 개인 공급자들의 수력 발전소, 풍력 발전소, 광전지판으로부터 직접 에너지를 공급받는다. 생산된 에너지는 전체 에너지 공급망에 재투입된다. 〈에네르코프〉는 10개 지방 협동조합의 공급망을 이용하며, 이들 협동조합의 공급망은 전국으로 뻗어 있다. 협동조합은 생산자와 소비자를 이어 주는데, 이 연결 단계는 짧고 단순하다. 개인이 조합 회원으로 가입하면 자신이 소비하는 전기의 운영에 의견을 낼 수 있다. 이 '제한 영리' 기업의 고객은 2만 3천 명에 이르며 이 중 약 60퍼센트가 '1인 1표' 원칙에 따라 기업 운영에 참여한다. 〈에네르코프〉는 2020년까지 고객 수를 15만 명으로 잡고 있다. 프랑스의 원자력 에너지는 정부로부터 엄청난 보조금을 받는데, 만약 줄리앙 노에의 예상처럼 〈에네르코프〉가 원자력 에너지보다 더 저렴하게 에너지를 공급하게 된다면 예상 회원은 15만 명을 훨씬 뛰어넘을 것이다. 〈에네르코프〉는 진정한 에너지 민주화에 기여한다. 시민 소비자들이 에너지 공급의 책임을 맡고 있기 때문이다.

'사회 연대 경제'와 고용의 문제 또한 주목할 만한 변화를 겪고 있다. 〈아르세르Archer〉그룹은 2007년 드롬 지방 〈토지중심경제협력단(PTCE)〉*의 남부 지부 〈폴쉬드Pôle Sud〉를 설립하고 사회 연대적 경제를 실천하고자 여러 기업과 단체를 한자리에 모았다. 기업 및 중소기업, NEF와 〈프랑스액티브France Active〉 같은 연대 금융 시설, 고용 지원 단체, 〈농가주도형농업지원협회(Amap)〉**청년 수공

* 〈토지중심경제협력단〉은 2012년 프랑스에서 설립된 단체이다. 사회적 기업, 지방 공공단체, 교육 시설과 비영리 단체 네트워크가 토지와 관련된 여러 문제들을 해결하기 위해 기업 차원에서 함께 방법을 모색하고자 자발적으로 모여 구성되었다.

업 종사자, 기업 대표 협회 등이 여기에 포함된다. 로망쉬르이제르Romans-sur-Isère는 한때 신발 제조업으로 번창했으나 공장들이 문을 닫으면서 오랫동안 경제적 어려움을 겪고 있는 지방이다. 〈폴쉬드〉는 이곳에서 생산되는 자원과 주민들의 능력을 활용하여 지속 가능한 안정적 일자리를 창출하기 위해 여러 방법을 모색했다. 〈아르셰르〉 그룹 크리스토프 슈발리에Christophe Chevalier 사장은 "경제 시스템이 엉망이라느니 사회적 연대가 필요하다느니 하는 말을 멈추고, 다른 사람들과 함께 고민했죠. 현지 기업에 기대 불확실하고 막연한 고용 가능성을 바라기보다 주민들이 필요로 하는 일자리를 우리가 만들어 내는 것이 낫다고 판단했습니다"[52] 라고 설명한다. 〈폴쉬드〉와 〈아르셰르〉 그룹은 '메이드 인 로망스Made in Romans'라는 브랜드로 새로운 신발 제조를 시작했고 자동차 생산 하청 기업들을 재배치했으며 기업 공동 탁아소와 기업 공동 구매 센터를 열었다. 또한 새로운 경제 활동 분야(광섬유 장비 판매, 바이오산업 개발)를 개척하는 등 현지 중소기업 살리기에 동참했다. 이는 현지 중소기업과 사회 연대 기업, 그리고 지방 공공단체 사이에 긴밀한 협조가 없었다면 이루어지지 못했을 것이다. 이들은 자신들이 가진 수단과 방법을 최대한 동원하여 함께 노력했다. 주민

** 〈농가주도형농업지원협회〉는 현지의 농부와 소비자 들을 연결시켜 주는 사회 연대 공동체이다. 여기에 참여한 소비자는 과일과 채소의 비용을 미리 지불하며, 사전 지불된 농산물은 매주 소비자에게 배달된다.

들 또한 매우 적극적인 역할을 담당했다. 〈아르세르〉 그룹에 참여한 100여 명 이상의 개인 주주들(지방정부 대표와 의원, 주민, 각종 단체 대표 등)은 '경제 민주화' 실현을 위해서 〈아르세르〉 그룹에서 동원 가능한 모든 수단을 사용하여 힘을 보탰다.

소비자, 노동자, 주민으로서 혹은 우리가 사는 터전의 투자자로서 우리 모두는 더 정의롭고 협력적이며 민주적인 사회를 만들기 위해 지방정부 대표들과 힘을 합하고 책임감을 가지고 일해야 한다. 크리스토프 슈발리에는 우리가 꿈꾸는 미래의 전망을 실현시키기 위해 주도적으로 활동하고 있다. "연대하고 통합하는 사회를 건설하는 데 우리의 노력을 모으려고 한다. 우리는 지난 수십 년 동안 화석연료를 고갈시키다시피 했다. 의료 과학의 발전은 그 혜택을 누리지 못하는 사람들에 의해 빛이 바랬으며 너무나 많은 청년들이 실업에 허덕이고 노인들은 외로움에 고통받고 있다. 국가는 국가대로 막대한 부채에 짓눌려 새로운 해결책을 모색할 만한 여력이 없다. 계층 상승의 기회가 가로막히고 경제 불평등이 최고조에 이르고 있다. 막다른 현실에서 벗어나는 길은 지역 단위의 혁신을 역동적으로 추진하고 일반 시민, 경제 활동 주체, 공공 정부 대표 들이 적극적이고 실질적으로 참여하는 데 있다."[53]

/ 공공의 것은 공공에게

        토지는 모두를 위한 해결책이 만들어지는 공
간이다. 앞서 소개한 예(지속 가능한 일자리 창출, 의료 혜택, 지속 가능
한 땅과 에너지 등)들은 사실 그만큼의 '공공 자산'이 필요함을 의미
하며, 이는 공공 자산을 재발견해야 한다는 뜻이기도 하다. 의미
상 공공 자산은 개인에 속하는 재산이 아니라 모두를 위해 쓰이
는 것으로 천연자원(하천, 물고기, 숲과 나무, 생물권), 물질(팹랩fablab
생산 등) 또는 비물질(동식물의 DNA, 유적지, 프리 소프트웨어, 공개된 정
보, 문화) 등 모든 것들이 대상일 수 있다. 하지만 이들 자원의 관리,
즉 분배하고 보존하고 재활용하는 것과 관련된 모든 방법 역시 크
게 보면 공공 자산에 포함된다. 미국의 정치학자 엘리너 오스트
롬Elinor Ostrom은 자신의 방대한 연구를 통해서(연구 업적을 인정받아
2009년 노벨 경제학상을 받았다) 지역 공동체가 그들의 공동 자원을
관리하고 실패를 방지하기 위해 얼마나 창의적 방법*으로 공동 경
영 능력을 발휘하고 있는지 보여 주었다.[54]

공공 자산에 새로운 개념이 추가되면서 기존의 모델, 즉 공권력
이 공익의 관리와 소유를 독점하는 정치적 전통에 기초한 경제 모

---

* 지중해 연안 어민들의 노동 재판소를 본딴 어민 공동체는 공동체 전체의 어업 규정을 정하
고(고기잡이 방법, 그물의 길이, 할당량 등) 분쟁 조정 및 공동체의 결정 권한을 그들이 선출한
대표들에게 맡긴다.

델이 크게 흔들리고 있다. 새롭게 출현한 개념에 따르면 시민들은 정책의 단순한 소비자에 머물지 않고 적극적 동참자로서 토지 활용의 새로운 방법을 적극 찾아내는 활동가이다. 사회학자 크리스티앙 라발Christian Laval과 철학자 피에르 다르도Pierre Dardot에 의하면 "여기에서 중요한 점은 공공 서비스 부문을 어떻게 하면 민주적으로 관리 운영되는 공공시설로 변화시킬 수 있느냐 하는 것이다." 새로운 개념에서 '관리'란 중앙정부나 지방정부를 중앙 집권적 거대 행정 기구로 보는 게 아니라 시민의 기본권 보호를 위한 최후의 보증인으로 삼아서 집단의 중요한 요구를 만족시키는 것이다. 이때 공공 서비스 행정은 정부 대표와 노동자, 시민, 사용자가 함께 참여하는 기구에 의해 이루어진다.[55]

새로운 행정 관리 형식을 고안해 내는 것은 미래를 위한 흥미로운 도전이다. 모두가 힘을 합할 때 우리는 공공의 이익을 위한 방법을 만들어 낼 수 있다. "모든 것이 정치다!" 이 말은 21세기 민주주의를 위한 구호가 될 수 있을 것이다.

새로운 민주주의 원년을 위하여

민주주의 혁신의 한가운데에 푹 빠져 있던 시간이 지나고 글을 마무리 지을 때가 되자 한 가지 사실이 확실해졌다. 우리가 그동안 알아 왔던 수직적, 폐쇄적 시스템은 무너지기 시작했다. 그러나 우리는 새로운 기적의 해결책을 찾을 수 있으리라는 믿음을 가져야 한다. 이 책에 소개한 수많은 혁신 운동 가운데에 미래의 민주주의가 자라고 있다. 그 다양한 시도는 하나같이 공통적으로 대의 민주주의에서 참여 민주주의로의 이동이라고 하는 놀라운 변화의 싹을 품고 있다. 이 '시민 쿠데타'의 약속을 충실히 실행하려면 어떤 조건들이 필요할 것인가?

무엇보다도 이러한 시도가 '실험실 민주주의' 안에 갇혀 있지 않고 '시스템을 구축'해야 한다. 세계적 변화에 관한 정치적 전망을 갖지 못한 실험들도 우후죽순 생겨날 것이다. 이들도 물론 더 잘 알려져야 하고 더 많은 재정적 지원이 필요하다. 대의 민주주의는 정부로부터 보장받은 각종 지원책(정당에 대한 재정 지원, 대표들의 임금 지급 등)의 혜택을 누리는 반면, 새롭게 시도되고 있는 민주주의 혁신 방법들은 지원 대상에서 벗어나 있다. 이들을 지원할 재단 같은 것들이 프랑스 내에도 만들어져야 한다.

특히 민주적 발전과 변화는 문화적 진보에 기반을 두고 있다. 순진하게 굴어서는 안 된다. 기존 시스템의 저항을 얕보아서도 안 된다. 수많은 정치인들이 자신의 특권에 강하게 집착하며, 시민들의 본격적인 정치 개입에 경계심을 드러내고 있다. 다른 사람들도 있다. 극히 드물긴 해도 이러한 움직임에 동참해야 한다고 깨닫기 시작한 정치인들이다. 그들은 자신들이 전능한 존재라는 태도를 버리고 연출자 혹은 오케스트라 지휘자의 마음으로 연구하고 좀 더 많은 시민의 참여를 지원하고 독려한다. 이러한 정치적 선구자들은 새로운 정치 모델이 예외적인 사례에 머물지 않고 새로운 규범으로 자리 잡을 수 있도록 책임감을 가지고 한층 더 열심히 노력하고 있다.

마지막이자 가장 중요한 조건은 바로 우리 자신이다. 정치 개혁은 오로지 정치 책임자들의 몫이라고 생각하기 쉽다. 오래 전부터 우리는 우리의 시민권을 포기하고 그저 대표들이 우리의 요구 사항을 들어주기만을 바라 왔다. 더는 이런 수동적인 태도로 바라는 결과가 올 때까지 기다리기만 할 수 없다. 우리는 확신과 끈기를 가지고 다양한 혁신을 시도하고 실현함으로써 앞으로 다가올 새로운 민주주의를 함께 이루어 나가야 한다.

자, 무엇을 망설이고 있는가?

| 감사의 말 |

이 책을 쓰기 위해 수많은 사람들을 만났다. 이 책은 그들과 나눈 흥미롭고 중요한 만남의 결과물이다. 우리가 만난 이들은 모두가 미래 민주주의의 개척자들이었다. 출장 중에 우리에게 베풀어 준 환대, 그리고 그들이 보여 준 열정과 부단한 노력에 커다란 감사를 보낸다. 마드리드에서 만난 Miguel Arana Catania, Yago Bernejo Abati, Pablo Soto 씨에게 특별히 감사를 드리고 싶다. 그들은 현재 마드리드 시청에서 열정을 쏟아 붓고 있다. 또한 사라고사 지역에서 만난 포데모스 활동가 Miguel Aguilera, Marco Antonio, Elena Giner Monge, Mamen Lopez, Esther Moreno, Joven Romero 씨에게도 마찬가지로 감사 인사를 보낸다. 아이슬란드에서 만난 Robert Bjarnasson, Dagur B. Eggertsson, Gunnar Grimsson, Daoi Ingolfsson, Thorvaldur Gylfalson, Hreinn Hreinsson, Halldór Auoar Svansson 씨와 Birgitta Jónsdóttir 씨께도 고마움을 표하고 싶다. 우리에게 민주주의로 향하는 새로운 길을 안내해 준 아르헨티나의 Lis Rodríguez

Nardelli와 Pia Mancini, 그리고 브라질의 Alessandra Orofino, 튀니지의 Selim Ben Hassen, Aida Doggüi Moreno, Lotfi Farhane, Nizar Kerkeni와 Ridha Zouari 씨 역시 고마운 분들이다. Joonas Pekkanen(핀란드), Hille Hinsberg(에스토니아), Gabriella Gómez-Mont(멕시코), 그리고 Juan Felipe López Egaña(칠레), 이분들과 나눈 따뜻한 교류 덕분에 변화하고 있는 민주주의를 보는 우리의 눈이 한층 더 깊어졌다.

프랑스에서는 사양 출장에서 만난 Vicent Beillard, Sabine Girard, David Gourdant, 그리고 Tristan Rechid 씨를 통해서 민주주의의 정수를 재발견할 수 있었다. 그르노블 시의 Éric Piolle, Pascal Clouaire와 파리 시청 소속 Pauline Véron, Alice Guibert가 보여 준 창의적 활동과 노력에 큰 감명을 받았다. 정치적으로 '소외'된 지역을 위해 싸우고 있는 Pauline Diaz, Djillali Khedim, Mohamed Mechmache, Guillaume Coti가 현장에서 보여 준 열정에 우리는 감탄하지 않을 수 없었다. 우리는 최근 2년 동안 민주주의 대안으로서 시민사회를 고민하는 혁신적 활동가들과 함께 시간을 보냈다. Valentin Chaput(데모크라시 OS), David Guez와 Thibault Favre(〈라프리메르〉), Florent Guignard(《르 드렌슈》), Tribaut Guilly(〈우리시민〉), Caroline De Hass, Jean Massiet('아크로폴리스'), Cyril Lage('의회와 시민'), Tangui Morlier와 Benjamin Ooghe-Tabanou(〈시민의시선〉), Laurène Bounaud(〈국제투명성기구〉), Léonor de Roquefeuil(〈복스〉), Quitterie de Villepin(〈나의목소리〉), Stéphane Vincent(〈27번째지역〉), Jean-Luc

Wingert('시민 상원'). 〈열린민주주의〉의 길에 함께 동행해 주고 공동 작업과 교류를 아끼지 않은 동료들에게 특히 커다란 감사의 마음을 전하고자 한다. Loïc Blondiaux, Clara Bouhaden, Thibaut Dernoncourt, Claudy Lebreton, Armel Le Coz, Clément Mabi, Nicolas Patte, 그리고 많은 사람들이 있다. Pierre-François Bernard, Christophe Chevalier, Emmanuel Kasperski도 고마운 친구들이다. 공공 서비스 종사자들인 이들은 수년 전부터 이 책이 충분히 무르익어 나올 수 있을 때까지 큰 도움을 주었다.

정치 일선에서 자신들이 품고 있는 도전과 과제로 우리와 교류해 준 여러 정치 대표들과의 만남 또한 우리에게 큰 가르침을 주었다. Karine Berger, Jean-Paul Delevoye, Benoît Hamon, Jean Lasselle, Axelle Lemaire, Corinne Lepage, Dominique Raimbourg, Julia Reda와 Georges Sebaoun이 그들이다. 우리의 프로젝트에 지원을 아끼지 않아 준 Claude Bartolone 국회의장 역시 감사한 분이다. 또한 우리의 질문에 답해 주고 진행 중인 변화들을 전문가의 시각을 더해 알려 준 많은 연구원들이 있다. Romain Badouard, Kenneth Carty, Antoine Chollet, Roger Martelli, Laurence Monnoyer-Smith, Gilles Pradeau에게 감사를 표한다.

이 프로젝트의 시작부터 우리를 믿어 주고 조언해 주고 꼼꼼하게 읽어 주며 편집과 교정에 도움을 준 우리 친구들과 이웃 역시 감사의 대상에서 빼놓을 수 없다. Marion Slitine(그의 도움이 없었더라면 이 프로젝트는 가능하지 않았을 것이다), Florence Slitine, Claire Lewis, Christine Lewis와 Bernard Lewis, Alice Balguerie, Camille Bonnet, Marion Douroux, Adeline Girard, Cyril Golovtchan, Géraldine Lacroix, Éric Lavendhomme, Hélène Rousseau, Marc Vidal에게 인사를 보낸다. 책 표지를 맡아 준 Manon Kinet Gupta 역시 고마운 친구이다. 그리고 편집인 Emmanuelle Bagneris와 Marie-Soline Royer 씨에게 당연히 감사의 인사를 전한다.

1장

01. David van Reybrouck, *Contre les élections*, Actes Sud, 2014, p. 53.

02. "Porque somos más, toma la calle", www.youtube.com.

03. 스테판 에셀, 『분노하라』, 임희근 옮김, 돌베개, 2011.

04. David van Reybrouck, *Contre les élections*, p. 53.

05. Hervé Kempf, *L'oligarchie ça suffit, vive la démocratie*, Points, 2013.

06. 2015년 4월 마드리드 인터뷰.

07. Bernard Manin, *Principes du gouvernement représentatif*, Flammarion, 2012, p. 11.

08. '민주주의' 용어의 역사에 대해서는 캐나다의 학자, 프랑시스 뒤퓌이데리Francis Dupuy-
Déri의 다음 책을 참조할 것. *Histoire politique d'un mot aux Etats-Unis et en France*, Lux, 2013.
또한 근대 헌법의 주요 건설자 중 한 명으로 불리는 시예스가 1789년 9월 7일 행했던 유명
한 연설도 빼놓을 수 없다. "민주주의가 없는 나라의 인민들은 그들의 대표자를 통해서만
이 말을 하고 행동을 할 수 있다."

09. 앞의 프랑시스 뒤퓌이데리 138쪽.

10. 샤를 드 몽테스키외, 『법의 정신』, 이재형 옮김, 문예출판사, 2015.

11. Pierre Rosanvallon, *La légitimité démocratique: impartialité, réflexivité, proximité*, Point, 2010, p.9.

12. Laure Belot, *La déconnexion des élites*, Les Arènes, 2105. (옮긴이 추가)

13. Yves Sintomer, *Petites histoire de l'expérimentation démocratique: Tirage au sort et politique d'Athènes à
nos jours*, La découverte, 2011.

14. Pierre Rosanvillon, *Parlment des invisibles*, Seuil, 2014, p. 9.

15. 〈파리정치대학 정치연구소〉가 2016년 1월 발표한 '정치 신뢰 지표Le Baromére de la
confiance politique' 연구 조사.

16. 위의 자료.

17. 위의 자료.

18. Lionel Jospin, *Pour un renouveau démocratique: rapport de la Commission de rénovation et de
déontologie de la vie publique*, La Documentation fran'çaise, Paris, 2012.

19. Claude Bartolone et Michel Winock, *Rapport du groupe de travail sur l'avenir des institutions. Refaire
la démocratie*, La Documentation Françoise, Paris, 2015.

20. Edwy Plenel, *Dire nous: Contre les peurs et les haines, nos causes communes*, Don Quichotte Éditions,
Paris, 2016.

21. Pia Mancini, "인터넷 시대에 민주주의를 발전시키는 법", https://goo.gl/EO3lKg

22. Dominique Rousseau, *Radicaliser la démocratie, propositions pour une Refondation*, Seuil, Paris, 2015.

23. www.democritieouverte.org.

24. www.personaldemocracy.fr.

25. www.2015globalforum.com.

26. www.coe.int/fr/web/world-forum-democracy.

27. 모조로프의 다음 책을 참조할 것. *Pour tout résoudre cliauez ici. L'aberration du solutionnisme technologique*, Éditions FYP, Paris, 2014.

28. 2016년 3월 파리 인터뷰.

29. www.opensourceecology.org.

30. Clay Shirky, "어떻게 인터넷이 정부를 완전히 바꾸어 놓을 것인가?" https://goo.gl/b5KYHI

31. 2015년 8월 레이캬비크 인터뷰.

32. 2012년 12월 30일 『주르날 뒤 디망슈*Journal du dimanche*』와의 인터뷰.

2장

01. Bernard Manin, *Principes du gouvernement représentatif*, Flammarion, p. 264.

02. Yves Sintomer, *Petite histoire de l'expérimentation démocratique*, p. 27.

03. 〈파리정치대학 정치연구소〉가 2016년 1월 발표한 "정치 신뢰 지표" 연구 조사.

04. Podemos, *Bouger les lignes: transformer l'idigaion en changement politique*, Madrid, 2014.

05. 2015년 4월 마드리드 인터뷰.

06. Éloïse Nez, *Podemos, de l'indignation aux élections*, Les Petits Matins, 2015.

07. 2015년 4월 사라고사 인터뷰.

08. 위의 자료.

09. Éloïse Nez, *Podemos, de l'indignation aux élections*.

10. 위의 자료.

11. www.loomio.org.

12. Ana Dominguez, Luis Giménez(dir.), *Podemos, sûr que nous pouvons!*, Éditions Indigènes, Montpellier, 2015, p. 92.

13. https://participa.podemos.info/es.

14. www.reddit.com/r/podemos.

15. app.appgree.com.

16. 2015년 4월 마드리드 인터뷰.

17. 2015년 4월 사라고사 인터뷰.

18. 포데모스 광장 포럼 사이트에서 '포데모스 시민 발의Iniciativas Ciudadanas Podemos' 항목 참조.

19. 2015년 4월 마드리드 인터뷰.

20. Pablo Iglesias, La Démocratie face à Wall Street, Les Arènes, Paris, 2015.

21. Pierre Rosanvallon, Le Bon Gouvernement, Seuil, Paris, 2015.

22. Pablo Iglesias, "Leçon de stratégie politique", https://goo.gl/mzfHfF.

23. 2015년 4월 사라고사 인터뷰.

24. Ludovic Lamant, "La boîte à idées de Podemos", Le Crieur, n° 2, Médiapart/ La Découverte, 2015년 10월.

25. latuerka.net.

26. Pablo Iglesias, 『뉴 레프트 리뷰New Left Review』(n° 93, May-June, 2015) 인터뷰, 다음 글에서 인용. Ludovic Lamant, "La boîte à idées de Podemos."

27. Amandine Sanial, "En Espagne, le talk-show de Podemos envoie du bois", 2015년 10월 23일, rue89.nouvelobs.com.

28. Ana Dominguez, Luis Giménez(dir.), Podemos, sûr que nous pouvons!.

29. 라스 팔마스 대학이 조사한 스페인 부패의 사회적 비용 평가, 라스 팔마스 대학교 발표, 2013년 7월 29일.

30. transparencia.podemos.info.

31. 위의 자료.

32. 2015년 4월 마드리드 인터뷰.

33. 2015년 4월 사라고사 인터뷰.

34. 2015년 9월 파리 인터뷰.

35. www.bleublanczebre.fr.

36. 2016년 3월 파리 인터뷰.

37. Bernard Manin, Principes du gouvernement représentatif, p. 313.

38. 2015년 6월 파리 인터뷰.

39. laprimaire.org.

40. 2015년 12월 파리 인터뷰.

41. www.lavraieprimaire.fr.

42. www.laprimairedesfrancais.fr.

43. Robert Michels, Sociologie du parti dans la démocratie moderne: Enquête sur les tendances oligarchiques de la vie des groupes, Gallimard, coll. Folio essais, Paris, 2015.

44. 2016년 1월 파리 인터뷰.

45. 아리스토텔레스, 『정치학』, 천병희 옮김, 도서출판숲, 2009.

46. Bernard Manin, Principes du gouvernement représentatif.

47. 2015년 8월 부에노스아이레스 인터뷰.

48. 2015년 11월 스트라스부르그 인터뷰.

49. www.partipirate.org.

50. 2015년 8월 레이캬비크 인터뷰.

51. 다음 글의 분석에서 일부 도움을 받았다. Nicolas Baygert, "L'activisme numérique au regard du consumérisme politique : Pirates et Tea Partiers sous la loupe", *Participations*, n° 8, 2014/1, p. 75~95.

52. Dominik Schiener, "Liquid Democracy: True democracy for the 21th century", medium.com, 2015년 11월. 자신의 글에 실린 도표를 사용하게 해 준 시어너 교수에게 감사드린다.

53. 2016년 3월 파리 인터뷰.

54. liquidfeedback.org.

55. blockchainfrance.net.

56. Nicolas Baygert, "L'activisme numérique au regard du consumérisme politique : Pirates et Tea Partiers sous la loupe".

57. 도미니크 카르동Dominique Cardon에 따르면 온라인 토론 플랫폼에 가장 적극적으로 참여하는 사람들은 주로 중산층 백인 남성이다. Dominique Cardon, *La Démocratie Internet: promesses et limites*, Éditions du Seuil, coll. La République des idées, Paris, 2010.

58. 2016년 6월 파리 인터뷰.

59. 2015년 11월 스트라스부르그 인터뷰.

3장

01. 장 자크 루소, 『사회 계약론』, 이환 옮김, 서울대학교출판부, 1999, 제2권 6장.

02. 위의 책.

03. 시예스, 1789년 11월 7일 연설.

04. 스위스 연방 의회 사이트(www.admin.ch)의 '정치 권리Droits politiques' 란에 실린 "투표 Votations"라는 기사를 참조하라.

05. 2016년 6월 파리 인터뷰.

06. Antoine Bevort, "Démocratie, le laboratoire suisse", *Revue du MAUSS*, n° 37 (Psychanalyse, philosophie et sciences sociales), La Découverte, 2011.

07. 2016년 6월 파리 인터뷰.

08. Antoine Chollet, *Défendre la démocratie directe: Sur quelques arguments antidémocratiques des élites suisses*, Presses polytechniques et universitaires romandes, Lausanne(Suisse), 2011.

09. 2016년 5월 마드리드 인터뷰.

10. openministry.info.

11. democracyos.org.

12. 2015년 8월 파리 인터뷰.

13. 〈사적민주주의포럼〉, 2016년 3월 파리.

14. dcentproject.eu.

15. Parlement-et-citoyens.org.

16. 2015년 7월 파리 인터뷰.
17. 2016년 6월 파리 인터뷰.
18. www.cap-collectif.com.
19. 2015년 7월 파리 인터뷰.
20. 2015년 2월 파리 인터뷰.
21. 2015년 7월 파리 인터뷰.
22. Monique Rabin, www.parlement-et-citoyens.fr.
23. 아테네 민주주의에 대한 새롭고 현대적 시각에 대한 정보는 다음 책을 참조할 것. Bernard Manin, *Principes du gouvernement représentatif*.
24. 2015년 5월 파리 인터뷰.
25. David Van Reybrouck, Contre les élections, op. cit., p. 139.
26. 2015년 8월 레이캬비크 인터뷰.
27. 토론의 결과는 다음 사이트에서 찾아볼 수 있다(주로 아이슬란드어). thjodfundur2009.is
28. 2015년 8월 레이캬비크 인터뷰.
29. 위의 자료.
30. 위의 자료.
31. 위의 자료.
32. comparativeconstitutionsproject.org.
33. David Van Reybrouck, *Contre les élections*.
34. 2015년 8월 레이캬비크 인터뷰.
35. David Van Reybrouck, *Contre les élections*.
36. 2015년 11월 파리 인터뷰.
37. 2015년 8월 레이캬비크 인터뷰.
38. 2015년 11월 스트라스부르그 인터뷰.
39. Terrill Bouricius, "Democracy through multibody sortition: Athenian lessons for the modern day", *Journal of Public Deliberation*, vol. 9, n° 1, article 11, 2013.
40. 시민 상원 프로젝트 사이트(www.senatcitoyens.fr) 참조. Jean-Luc Wingert, *Le Syndrom de Marie-Antoinette, Que Faire lorsque les elites ont perdu la tete*, Les liens qui libèrent, Paris, 2015.

4장

01. Pierre Rosanvallon, *La Contre-démocratie. La politique à l'âge de la défiance*, Points, coll. Essais, Paris, 2014.
02. Francis Balle, 다음에서 인용. *Les Médias*, Presses universitaires de France, Collection Que sais-je?, Paris, 2014.
03. Hervé Kempf, *L'oligarchie ça suffit, vive la démocratie*.

04. 위의 책, pp. 101, 102.

05. 2016년 6월 파리 인터뷰.

06. Florence Hartmann, *Lanceur d'alerte: les mauvais consciences de nos démocratie*, Don Quichotte, Paris, 2014.

07. Benjamin Sourice, *Plaidoyer pour un contre-lobbying citoyen*, Éditions Charles Léopold Mayer, Paris, 2014.

08. *Libération*, 2016년 4월 25일.

09. 위의 책.

10. www.wikileaks.org.

11. www.publeaks.nl.

12. 2015년 6월 레이캬비크 인터뷰.

13. 2016년 5월 파리 인터뷰.

14. 2016년 6월 파리 인터뷰.

15. handimap.org.

16. Samuel Goëta, Clément Mabi, "L'open data peut-il (encore) sevir les citoyens?", *Mouvement*, No.79((Contre-)pouvoirs du numérique), La Découverte, 2014년 7월.

17. Pierre Rosavallo, La Contre-Démocratie. La Politique à l'age de la défiance, Points, coll. Essais, op, cit.

18. 2016년 4월 파리 인터뷰.

19. questionnezvoselus.org.

20. 다음 독일 사이트에 들어가면 독일의 모든 통과된 연방법의 변화를 볼 수 있다. http://bundestag.github.io/gesetze.

21. www.albawsala.com.

22. 2016년 4월 파리 인터뷰.

23. 2016년 5월 파리 인터뷰.

24. www.civio.es.

25. ciuddanointeligente.org.

26. lemonde.fr, 'Les d'ecodeurs'.

27. parismatch.com, 'Datamatch'.

28. theguardian.com, 'Datablog'.

29. www.gapminder.org.

30. www.davidmccandless.com.

31. informationisbeautiful.net.

32. blog.safecast.org.

33. Marie-Laure Daridan, *Aristide Luneau, Lobbying: Les coulisse de l'influence en démocratie*, Pearson, Paris, 2012.

34. 2016년 3월 파리 인터뷰.
35. 2016년 4월 파리 인터뷰.
36. 위의 자료.
37. www.juliareda.eu.
38. corporateeurope.org.
39. ledrenche.fr
40. 2016년 5월 파리 인터뷰.
41. voxe.org.
42. 2016년 3월 파리 인터뷰.
43. Lawrence Lessig, "Code is law: On Liberty in cyberspace", *Harvard Magazine*, 2010년 4월.
44. 2016년 4월 파리 인터뷰.
45. 위의 자료.
46. Robert Dahl, *On Democracy*, Yale University Press, New Heaven, 1998.
47. Stephane Beau, Michel Pialoux, *Retour sur la condition ouvrière*, La Découverte, Paris, 2012.
48. Bruno Tardieu, *Quand un peuple parle: ATD Quart Monde, un combat radical contre la misere*, La Découverte, Paris, 2015.
49. 2015년 5월 그르노블 인터뷰.
50. 위의 자료.
51. Helene Balazard, *Agir en démocratie, Éditions de l'Atelier*, Ivry-sur-Seine, 2015.
52. 위의 책.
53. 위의 책.
54. 2015년 6월 파리 인터뷰.
55. 2015년 7월 리우데자네이루 인터뷰.
56. 위의 자료.
57. www.ourcities.org.
58. 2015년 7월 리우데자네이루 인터뷰.

5장

01. Guillaume Gourgues, *Les Politiques de démocratie partcipative*, PUG, Grenoble, 2013.
02. Philippe Gagnebet, *Résilience écologique. Loos-en-Gohelle ville durable*, HD Atrliers Henry Dougier, Paris, 2015.
03. Osmany Porto de Oliveira, "La diffusion globale du budget participatif: le rôle des 'ambassadeurs' de la participation et des institutions internationales", *Participations*, 2016/1, No.14, pp. 91~120.
04. 파리시 참여 예산 플랫폼 www.budgetparticipatif.pari.fr.
05. 2015년 3월 파리 인터뷰.

06. 위의 자료.

07. Loïc Blondiaux, *Le Nouvel Esprit de la démocratie*, Seuil, coll. La Republique idées, Paris, 2010.

08. 2015년 4월 그르노블 인터뷰.

09. 2015년 6월 그르노블 인터뷰.

10. Yves Sintomer, *Petite histoire de l'expérimentation démocratique*.

11. 그르노블 시 사이트(www.grenoble.fr)상에 소개된 규정. '시민 도시Ville citoyenne' 안의 '시민 발의 투표Interpellation et votation d'initiative citoyenne' 항목을 참고할 것.

12. 다음 회의 자료를 참고할 것. "Demodratic Cities: Commons technology and the right to a democratic city", 마드리드, 2016년 5월 27일.

13. 위의 자료.

14. 2016년 4월 마드리드 인터뷰.

15. medialab-prado.es/person/demic.

16. www.citizens.is.

17. 2015년 8월 레이캬비크 인터뷰.

18. 2016년 4월 마드리드 인터뷰.

19. 위의 자료.

20. 위의 자료.

21. 위의 자료.

22. Jo Spiegel, *Faire renaître la démocratie*, Chronques sociales, Paris, 2013.

23. Gilbert Haffner, "Marinaleda, Phalanstére andalou dans une Espagne en crise", *Le Monde diplamatique*, 2013년 8월.

24. Raphaël Baldos, Trémargat, Village bio et solidaire, *La Croix*, 2016년 3월 4일.

25. Loos-en-Gohelle: La transition verte au pays des gueules noires, *Le Monde*, 2015년 7월 23일.

26. Jacques Rancière, *La Haine de la Démocratie*, La Fabrique, Paris, 2005.

27. 2015년 4월 사양 인터뷰.

28. 2015년 4월 디 인터뷰.

29. 2015년 4월 사양 인터뷰.

30. Loïc Blondiaux, *Le Nouvel Esprit de la démocratie*.

31. 2015년 4월 사양 인터뷰.

32. 2016년 4월 파리 인터뷰.

33. www.curieusesdemocraties.org.

34. www.ouiville.com.

35. www.civocrcy.org.

36. www.territoires-hautement-citoyens.hr.

37. Ulrich BECK, *La Société du risque: Sur la voie d'une autre modernite*, Flammarion coll. Champs Essais, Paris, 2008(1986).

38. 2015년 10월 브장송 인터뷰.

39. 2016년 11월 파리 인터뷰.

40. mind-lab.dk.

41. labcd.mx.

42. 2016년 4월 인터뷰.

43. lab.gob.cl/aulab.

44. 2016년 11월 파리 인터뷰.

45. 다음 사이트에서 'Sharing City Seoul' 기사 참조. www.shareable.net.

46. Zef Hemel, *The Wiki City*, Amsterdam, 2012년 8월.

47. www.colibris-lemouvement.org.

48. alternatiba.eu.

49. Géraldine Lacroix, Romain Slitine, *L'Économie sociale et solitaire*, Presses Universitaires de France, coll. Que sais-je?, Paris, 2016.

50. Terredeliens.org.

51. enercoop.fr.

52. Christophe Chevalier, in Amandine Barthelemy, Sophie Keller, Romain Slitine, *L'Économie qu'on aime. Relocalisations, création d'emplois, croissance: de nouvelles solutions face à la crise*, Rue de l'echiquier, Paris, 2014.

53. 위의 책.

54. Elinor Ostrom, *Governing the Commons: The Evolution of Institutions for Collectiove Action(Political Economy of Institutions and Decisions)*, Cambridge University Press, 1990.

55. Pierre Dardot, Christian Laval, *Commun, Essai sur une revolution au XXI siècle*, La Découverte, Paris, 2014, p. 515.

| 사진 크레딧 |

어떤 민주주의를 원하는가?

이 책은 프랑스의 젊은 학자이자 시민운동가 두 명이 2년간 전 세계를 돌며 우리 시대가 안고 있는 민주주의 위기를 극복하기 위해 벌어지고 있는 다양한 실험들을 관찰하고 그들을 경청하면서 얻은 몇 가지 제안들을 묶은 보고서이다. 이 책이 출판된 2016년 프랑스는 근대 민주주의를 표방하는 여느 나라들과 마찬가지로 좀처럼 헤어나기 어려워 보이는 아포리아에 빠져, 출구가 보이지 않는 교착상태에 있었다. 하지만 아포리아는 논리적으로 빠져나갈 틈이 없다는 뜻도 되지만 새로운 출구의 출발점을 의미하기도 한다. 현재 보이지 않는다는 것뿐이다. 이 책은 이 새로운 출발점을 몇 가지 제시해 보려는 제안서이기도 하다.

/ 정치 무기력증과 달콤한 우파 포퓰리즘의 유혹

프랑스 정치의 이러한 무기력증은 지금도 여전히 계속되고, 한동안은 바뀌지 않을 것 같다. 시민들의 정치 무관심은 시간이 갈수록 점점 심화되고, 시민이 떠난 정치 무대는 소수의 귀족 정치권력이 장악하면서 그들의 입맛대로 개조되고, 재단되고, 조종되고 있다. 그 결과 현장의 목소리가 들어갈 자리는 점점 없어지고, 권력자의 낙점을 받은 소수 정치 엘리트들만이 미래를 보장받으며 계파 계보의 수명을 이어 가고 있을 뿐이다. 게다가 그들만의 리그에 지친 상당수의 유권자들은 점점 '서민의 대변자'로 위장한 포퓰리스트들의 달콤한 사탕발림에 영혼을 맡기고 있다. 그들이 현재의 무기력증에서 벗어나게 해 줄 수 있는 유일한 출구라고 믿는 것이다.

2017년 5월로 예정되어 있는 프랑스 대선 캠페인에서 이민자들의 단계적 추방과 유럽연합 탈퇴 등을 주요 공약으로 내세우는 극우 정당 국민전선이 선두를 달리고 있는 것은 바로 그런 맥락에서 이제는 아주 자연스러운 현상으로 받아들여지고 있다. 불과 20

여 년 전까지만 해도, 국민전선이 여론조사에서 선두에 선다는 것은 대다수 프랑스 인들에게는 상상조차 할 수 없는 일이었다. 하지만 20여 년 만에 그들의 정치 패러다임이 그렇게 바뀐 것이다. 프랑스 대선은 국가 단위의 다른 주요 선거들과 마찬가지로 1차 선거에서 과반 이상을 차지하는 후보자가 나오지 않을 경우, 결선투표로 최종 승자를 가리기 때문에 2017년 대선에서 국민전선 후보인 마린 르펜이 1차 선거를 통과한다고 해도, 2차 결선투표에서마저 승리를 거머쥐고 대통령이 될 가능성은 그리 높지 않다. 하지만 이미 대선 결선투표에 극우 정치인이 (그것도 1등으로) 오른다는 것을 프랑스 인들이 자연스럽게 받아들인다는 사실만으로도 프랑스의 민주주의는 쇄락했고, 몰락해 가고 있다고 말해야 할 것이다.

앞서 2016년 6월 23일 영국 국민들은 유럽연합 탈퇴를 묻는 국민투표를 51.9퍼센트의 찬성으로 가결시켰다. 브렉시트가 선언되는 순간이었다. 설마 했던 영국 국민들의 이 결정을 놓고 전 세계 언론들과 학계에서는 다양한 분석을 내놓았다. 어떤 이는 영국인들이 경제적 차원에서 실질적 이득 없이 유럽 구성에 드는 비용 부담만 가중되는 현실에 불만을 터뜨린 결과라고 했고, 어떤 이는 큰 분쟁에서 어느 한쪽 진영에 서거나 전체 대열의 일부가 되기를 거부해 오던 영국인 특유의 '우아한 고립splendid isolation' 증후군이 다시 도진 것이라고도 했다. 하지만 무엇보다 인정하지 않을 수 없는 것은 고립주의자들의 전략이 상당한 효과를 발휘했다는 점이다. 그들은 사실관계조차 파악하기 힘든 정체불명의 정보와 자료 들로 국민들을 현혹시켜 브렉시트만이 영국의 모든 문제를 해결해 줄 거라고 주장했다. 한마디로 영국 극우 고립주의자들의 논리가 자국의 운명을 바꿔 놓을 만큼 영향력을 가지게 되었다는 뜻이다. 오죽하면 옥스포드 대학이 2016년을 대표하는 단어로 '포스트 트루스post-truth'를 선정했겠는가!

그런가 하면 그로부터 4개월이 조금 지난 같은 해 11월 8일, 미국에서는 브렉시트 못지않게 깜짝 놀랄 만한 국민의 선택이 발표됐다. 미국 우선주의자 도널드 트럼프가 제45대 미국 대통령으로 당선된 것이다. 이민자 혐오, 여성의 대상화, 언론에 대한 근본적 불신 등 미국의 근간을 뒤흔드는 수사로 무장한 대통령이 탄생하는 순간이었다. 미국의 전통 가치와 미국의 존재 이유까지 부정해 가면서 아웃사이더 트럼프를 대통령으로 만든 것은 무었이었을까? 양당 체제에 신물이 난 미국 국민들은 선거를 통해 바꿔 봐야 달라질 것 없다는 자괴감(?)으로 '뭔가 다른' 정치를 할 것 같은 트럼프를 대통령으로 선택한 것이다. 그 '다름'의 대가가 무엇으로 귀결되든 그것들을 감수할 만큼 기존 정치의 '똑같음'에 지쳐 버린 것이다.

우리의 민주주의는 병들어 있다. 이 책의 저자가 밝히고 있듯이 얼핏 보면 선거가 있어 국민은 대의를 실현할 정치인을 뽑을 자유와 권리가 있고, 엄격한 삼권분립에 의한 시스템이 작동하고 있어 대의를 통해 행정기관을 감시 감독할 수 있고, 이 대의기관이 선을 넘지 않도록 사법기관들도 권력을 행사하는 등 국정 시스템이 잘 작동하고 있다. 하지만 그럼에도 대다수 국민들은 자신들이 주권자라고 확신할 수 있는 권한 행사를 박탈당하고 있다고 믿고 있다. 극우 포퓰리즘은 바로 이런 국민적 불만족 사이를 파고들어 그들 앞에 분노를 방출할 수 있는 구체적 대상들을 제시한다. 바로 이런 전략이 국민들로 하여금 '적어도 저들은 구체적인 무언가를 한다'는 믿음을 가지게 해 표를 흡수해 나가고 있는 것이다. 민주주의가 적어도 지금과 같은 수준의 기능과 성능밖에 보여 주지 못한다면, 배타적 극우주의 정치는 절대 소멸하지 않고, 더욱 활개 치게 될 것이다.

/ 대의 민주주의와 출생의 비밀

그럼 어떻게 해야 하는가? 이 책은 바로 이러한 질문에 구체적인 대안들을 제시하려는 목적으로 쓰였다. 2년여 동안의 세계 일주 결과를 기록하면서 저자들은, 유일한 정답을 제시하는 게 이 책의 의도는 아니라고 한다. 지구 곳곳에서 다양한 시민들이 다양한 방법으로 현재의 정치 패러다임에 크고 작은 충격을 가해, 그 균열들 사이에서 새로운 가능성들의 출현을 이끌어 내는 기발한 노력들을 벌이고 있다. 저자들은 그 시도들을 알리려는 게 이 책을 쓴 이유라고 말한다. 이 책은 무엇보다 정치학자나 사상가가 쓴 사변적이고 이론적인, 혹은 선언적인 계시록이 아니다. 실제 현장에서 발로 뛰는 행동가들의 구체적 실천들을 모아 놓은 기록물이다.

추첨을 통해 선발된 시민들이 직접 헌법 구성에 참여하는 아이슬란드, 신세대의 새로운 정당 운영 방식으로 정치권에 새 바람을 불어넣고 있는 스페인, 유권자와 의회가 함께 협업을 통해 법안을 써 내려가는 아르헨티나……, 세계 곳곳에서 실험되고 있는 이 다양한 시도들의 공통점은 현재의 시스템 불통의 원인을 타지에서 들어온 소수 이방인들에게서 찾지 않는다는 점이다. 새로운 희망을 찾아 험한 길을 뚫고 낯선 땅에 들어선 이들 이민자들은 적어도 꿈을 찾겠다는 적극적 의사를 가지고 또 그것을 구체적 행동으로 옮긴 사람들이다. 그래서 소위 민주주의라는 제도 안에서 한 발자국도 움직이지 못하고 있는 이 사회의 무기력증이 이들 이민자들 때문일 리는 없다. 그렇다면 무엇이 현재 지구촌의 많은 문명국들에서 나타나고 있는 식물 국회, 식물 정치, 식물 사회의 주범인가?

현대의 민주주의를 말할 때 우리는 대부분 대의 민주주의를 생각한다. 대의 민주주의 제도 아래에서는 사회 구성원이 자기들 삶에 관계되는 공공 정책이나 사회적 복리에 관한 문제를 직접 결정하는 게 아니라 보통 4~5년 주기로 선출되는 직업 정치인들에게 문제의 해결을 맡긴다. 르네상스 이후 수백 년에 걸쳐 경제적, 정신적 역량을 축적해 온 도시인(부르주아) 계급은 18세기 프랑스라고 하는 특정 시공간 안에서 일어난 사회적 균열을 놓치지 않고 파고들어 마지막 정복 대상이었던 정치적 주인의 위상까지 차지했다. 이른바 시민혁명이라고 부르는 프랑스혁명은 그렇게 인류 정치 문화의 패러다임을 일순간 바꿔 놓았다. 지도자는 태어나는 게 아니라 우리가 선택한다는 발상이 구체화된 것이다.

하지만 이 책의 저자들이 밝히고 있듯이 당시 혁명의 설계자들이 꿈꾸던 사회는 현대를 사는 우리가 생각하는 것과 같은 민주주의는 아니었다. 오히려 많은 계몽 사상가들에게 민주주의는 신의 땅에서나 가능한 일이지, 몽매한 인간들을 다스리는 데에는 전혀 적합하지 않은 제도였다. 근대 민주주의를 만든 이들은 국민에 의한, 국민을 위한, 국민의 정치는 혼란과 폭력이 난무하는 빈민들의 지배일 뿐이며, 이를 그대로 방치해서는 수백 년을 기다려 온 혁명의 희망이 물거품이 되어 버린다는 굳은 신념을 가지고 있었다.

따라서 왕권을 무력화시키고 귀족계급을 소멸시켜서 국민이 원하는 지도자를 국민이 직접 선택하게 하기 위해서는 지속적이고 안정된 체제를 보장할 수 있는 계급이 필요하다는 결론에 이르게 된다. 이렇게 혁명가들에 의해 만들어진 민주 체계의 구체적 모습은 국민을 대신해서 지식인, 전문가로 구성된 정치인 계급이 국정을 감시하고, 입법 활동을 하고, 국민은 그 일을 할 정치인을 선거에 의해서 뽑는 대의 민주주의로 귀결이 된 것이다. 이 책의 저자들은 이를 세습 귀족주의에서 선출 귀족주의로의 전환이라고 말하고 있다.

세습되던 계급이 선출되는 계급으로 바뀌었다고 해서 계급이 없어지는 건 아니다. 귀족정치, 다시 말하면 엘리트 정치는 선거가 정치의 상수가 된 이후에도 달라지지 않았고, 특히 산업혁명과 함께 도래한 노동 집약적 사회는 그러한 선출 귀족주의를 더욱 강화하기에 이르렀다. 대부분의 시민들이 대부분의 시간을 생산 활동과 상업 활동으로 보낼 수밖에 없어지면서, 과거에는 지적 수준이나 교육 수준의 이유로 정치 참여의 권리를 박탈당했다면 이제는 절대 시간의 부족으로 정치 참여로부터 확실하게 멀어지게 된 것이다. 아무리 지적 수준과 교육 수준이 높아졌어도, 경제활동 때문에 정치 참여가 불가능해진 그 빈자리를 정치 귀족들은 힘도 들이지 않고 손쉽고 적법하게 접수했다.

현대 시민 정치의 위기는 바로 이렇듯 근대 민주주의가 안고 있는 출생의 비밀에서 연유한다고 저자들은 확신한다. 그렇다면 이 시대의 민주주의가 출생의 비밀을 털고 시민들의 진정한 정치적 토양이 될 수 있는 방법은 없을까? 다양한 접근이 가능하겠지만 가장 먼저 생각할 수 있는 것 중 하나가 바로 선거 지상주의로부터 벗어나는 길이다. 많은 사람들은 선거에 참여하는 것만으로 주권을 행사한다고 믿는다. 그래서 각자 생업에 종사하는 가운데 4~5년마다 한 번씩 돌아오는 지방선거, 국회의원 선거, 대통령 선거에 참여해 꼬박꼬박 투표를 하고, 또 다시 다음 주권 행사까지 4~5년을 기다린다. 그 기간 사이에 정부청사에서, 국회에서, 시도청이나 시도의회에서 벌어지는 모든 일들에 대해 국민들은 입장이 차단된 경기장 안에서 검투사들이 벌이는 싸움을 구경하듯 관망할 뿐이다.

경기장 내부를 부러움의 대상으로 보든, 경멸의 대상으로 보든 그것은 중요하지 않다. 중요한 것은 내부와 외부가 극명하게 갈려, 내부의 사람들은 마치 그들의 존재 이유이자 방법이 바깥에 있는 우리의 시선을 끄는 데 있는 것마냥 서로 경쟁적으로 싸우고, 우리는 우리 삶과는 전혀 상관이 없는 그 싸움을 스포츠 관람하듯 대한다는 데 있다. 이것이 현재 대부분의 국가에서 벌어지고 있는 대의 민주주의의 슬픈 현실이다. 그 결과 주권자는 관음증적 시선으로 정치인을 바라보고, 대중매체 속 연예인들에게 '별풍선'을 쏘듯 정치인에게 표를 던진다.

정치는 그렇게 점점 멀어진다. 팍팍한 삶 속에서 정치는 아예 대화의 목록에서 빠지거나, 그렇지 않으면 분노의 대상이 될 뿐이다. 그나마 내 삶과 관계가 있다고 생각이 될 때는 대개의 경우 그 구체적 동기가 분노로 표출되기 때문에, 그 분노의 화살이 향할 수 있는 가장 쉬운 적대 상대를 골라 주는 정치가 인기를 얻게 된다. 그리고 그런 정치는 대개 사회에서 가장 약한 존재를 화살의 과녁으로 삼는다. 이것이 극우 포퓰리즘의 탄생 배경이고, 그들의 생존 방식이자 대중 설득 방법인 것이다. 대부분의 나라에서 투표율 저하와 극우 세력이 득세하는 현상이 연동되는 이유도 이 때문이다.

이런 현상을 가리켜 대의 민주주의가 왜곡되어 발생한 문제라고 진단을 내릴 수도 있다. 하지만 이 책의 저자들에 따르면 이것은 왜곡이 아니라 대의 민주주의의 벗어날 수 없는 한계다. 투표 행사를 주권 행사의 전부라고 믿는 시민이 다수를 차지하는 한, 대의 민주주의 외에 다른 정치 형태는 상상하기 어렵다. 하지만 이 책의 저자들은 대의 민주주의란 프랑스혁명 당시 지도자들이 정치 공학적인 판단에 따라 '고안한' 발명품일 뿐이라고 말한다. 프랑스혁명의 지도자들은 대부분 지주, 법조인, 사업가, 고위 공직자 들이었다. 이들이 귀족 세력과 왕족 세력을 물리치고 정권을 장악하기 위해서는 시민의 지지가 필요했고, 그렇게 하기 위해서는 선거가 필요했던 것이다. 한마디로 대의 정치의 주동자들은 시민에 의한, 시민의 정부를 구성하는 데에는 관심이 전혀 없었고, 시민의 지지를 바탕으로 저들 세습 귀족들로부터 권력을 빼앗기 위해 주도면밀한 정치이론을 다듬었던 선출 귀족들이었던 것뿐이다. 시간이 지나고, 이들은 자신들의 권력이 탄탄해지면서 다시 '사실상' 세습 귀족의 지위에까지 올라서게 됐다. 오늘날 우리는 소위 '정치 명문가'라는 말을 너무나 경건하게 사용하고 있지 않은가?

/ 전 세계를 밝히고 있는 촛불들에 대한 이야기

이 책을 읽기 시작하면 불과 몇 쪽 지나지 않아, 선거를 통한 대의 민주주의가 우리 시대 유일하게 가능한 민주주의라고 믿는 것이 얼마나 허약한 주장인지 공감하게 된다. 그렇다면 선거 없는 민주주의를 추구해야 할 것인가? 꼭 그것만은 아니다. 맹목적 선거의 폐해를 지적하려는 것이지 선거가 무조건 악이라는 의미는 아니다. 저자들은 선거라는 중간 매개를 아예 없애 버리는 직접 민주주의의 실현 가능성을 언급하면서 동시에 유권자가 국민 프라이머리 방식으로 선거에 참여할 후보에 대한 공천권을 행사하는 실험도 소개한다. 기존의 대의 민주주의를 보완하는 방식이든 혹은 말 그대로의 직접 민주주의든, 이런 모든 것들을 가능하게 해 주는 정보산업의 기술적 지원 역시 없어서는 안 될 미래 민주주의의 중요한 요소로 언급된다.

이 책이 프랑스에서 출판된 2016년 한국인들에게는 정치사적으로 중요한 의미를 갖는 두 가지 사건이 있었다. 하나는 4월 13일 국회의원 총선이었고 또 하나는 10월 29일부터 무려 18주 동안 토요일마다 이어졌던 촛불집회였다. 4.13 총선에서 당시 정부

여당이던 새누리당은 전례 없는 대 참패를 당했다. 그렇다고 야당이던 더불어민주당이나 국민의당이 특별히 정치적 가능성을 보여준 것도 아니었다. 선거 결과를 놓고 수많은 정치학자, 평론가 들의 설왕설래가 있었지만 대부분 끼워 맞추는 수준의 분석들이었다. 그만큼 누구도 예상하지 못한 충격적인 결과였다. 하지만 말로 설명할 순 없어도 민심의 깊은 곳에 뭔가 근본적인 꿈틀거림이 있다는 걸 본능적으로 감지할 수는 있었다.

그 꿈틀거리는 무언가는 몇 달이 채 지나지 않아 바로 정체를 드러냈다. 2016년 10월 말부터 이듬해 3월 초까지 이어진 거대한 시민 촛불 집회가 그것이었다. 시민들이 촛불을 든 직접적인 계기는 물론 대통령 비선 세력 국정 농단 사태에 있었지만, 그 거대한 집단행동을 가능하게 한 에너지는 모든 시민혁명이 그렇듯이 즉흥적으로 만들어진 것은 아니었다. 오히려 몇 달 앞서 4.13총선에서 일종의 경고 형태로 나타났던 것처럼 더 이상의 '막장 정치'는 두고 볼 수 없다는 시민들의 집단지성이 광장 정치라는 에너지로 나타난 것이었다.

촛불 집회 과정에서 놀라운 것은 그러한 국민적 분노와 좌절감을 담고 광화문으로 모여드는 시민들의 구체적 행동 양상들이었다. 광화문을 매주 가득 메운 규모도 그렇지만, 그것보다 거대한 에너지가 쉽게 폭발하면서 사방으로 분산되어 버리는 것이 아니라, 응축되고 내재적이고 잠재된 형태로 일정한 방향을 유지하면서 사회를 향해, 정치권을 향해, 미래를 향해 더 이상 시민은 정치적 불의 앞에서 구경꾼으로 남지 않겠다는 분명한 메시지로 구체화되었다는 점을 주목해야 한다. 그 무서운 평화의 대열은 모두를 떨게 만들기에 충분했다. 비로소 21세기 시민 권력의 새로운 모습이 드러나는 순간이었다. 이 사태를 차분히 지켜보던 독일, 영국, 미국 등 서구의 언론들은 "이제는 미국인과 유럽인 들이 한국인들로부터 어떻게 하면 용기와 열정을 가지고 민주주의를 수호할 수 있을지 배울" 때라는 등의 평가들을 하기 시작했다.(die Zeit, 2016. 12. 14.)

이탈리아의 사상가 안토니오 그람시는 시민사회 투쟁의 특징을 기동전에 대비해서 진지전에 비유했다. 그만큼 시간이 걸리고 동적이지는 않을지 몰라도, 절대 다수의 지지를 얻은 다수의 참가자가 좀처럼 물러서지 않을 기세로, 길거리 동선이 아닌 광장을 접수한다는 것이다. 2016~2017년 겨울, 한국의 시민사회가 왜 과거 1970~1980년대의 거리 투석전이 아닌 광장 촛불을 택했는지, 그람시로부터 그 단서를 찾을 수 있다. 과거 운동권 중심의 학생운동이 소수가 길 위에서 '달리는'기동전을 벌인 양상이었다면 2016~2017년 시민운동은 달랐다. 노부모와 자식들, 유모차를 끌고 나온 젊은 부부들, 동문회 친구들, 연인들이 마치 축제하듯이 광장을 접수하고, 그 광장에서 진지를 구축하고, 상대방이 내려올 때까지 그렇게 저항을 한 것이다. 촛불을 든다는 것은 상징적이다. 어느 정치인의 말처럼 촛불은 바람이 불면 꺼지기 쉽다. 그래서 촛불을 들고 달릴 수는 없다. 대신 촛불은 그 공간을 '점령'한다. 그것도 평화적인 방법으로. 바로 그런 이유 때문에 촛불이 더 무서운 것이다. 여리디 여린 촛불을 손에 들고 광장을 메운 수백만의 힘은 어느 투석전보다도 더 강렬한 메시지를 전달했다.

2017년의 한국 사회는 촛불로 긴 겨울을 이겨 내고 비로소 봄을 맞이했다. 우리는 이제 무엇을 할 수 있을까? 역사에 남을 저 광화문 광장을 어떻게 활용할 것인가? 전 세계에 민주주의 주인으로서 진정한 주권 의식을 보여 준 우리 시민 정신의 식지 않은 에너지를 어떻게 영구적인 에너지로 전환할 수 있을까? 그 답은 쉽게 찾아지는 게 아니며, 하나의 정답만 있는 것도 아니다. 그럼에도 지금, 여기서 우리가 할 수 있는 일은 거대 민주주의 담론에서 생활 속 작은 실천에 이르기까지, 시민이 주인이 되는 사회를 재건할 방향을 천천히, 그리고 깊이 있게 고민하고 논의하는 것이다.

부당한 권력에 저항하는 21세기 시민운동이 우리나라에서만 볼 수 있는 현상은 물론 아니다. 이 책의 저자들은 이미 앞서 여러 나라의 시민사회가 기획하고 행동으로 옮겼던 다양한 저항운동들을 소개하고 있다. 2011년 9월 금융 권력의 최고 정점인 미국 뉴욕의 월스트리트 앞에서 벌어졌던 다국적 시위 오큐파이 운동, 2014년 9월 중국 정부에 대항하던 홍콩의 '우산 혁명', 2016년 3월 프랑스의 여러 도시를 점령했던 '봉기의 밤' 시위 등 다른 나라에서도 과거와 다른 새로운 형태의 시민 저항운동의 예들이 많다. 불행히도(?) 2016년 탈고된 이 책에는 2016~2017년 한국의 촛불 혁명 소개가 없다. 하지만 상기의 예와 같은 여러 나라에서 있었던 다양한 형태의 시민 저항운동, 시민 대안 운동 들을 소개하고 있다. 21세기 들어서 지구촌의 다양한 시민 주권 운동 중에서 구체적이고 실제적인 성과를 얻어 낸 대표적 사례가 바로 2016~2017년 촛불 혁명이었다는 사실은 분명하다. 불과 수십 년 남짓 역사의 신생 민주주의 국가였던 한국이 이제는 병든 민주주의를 고칠 새로운 가능성을 세계 앞에 내보여야 할 때이다. 그리고 이 책은 그 진정한 시민혁명의 길에서 지구촌의 여러 실험들을 진지하게 참고하고자 할 때 훌륭한 나침반이 되어 줄 것이다.

아무리 좋은 책도 시의성을 전혀 배제할 수는 없다. 때마침 한국 독자들이 읽으면 좋을 만한 책을 찾아낸 북이십일 출판사와 특히 옮긴이의 개인 사정으로 지체될 뻔한 번역 작업을 꼼꼼하게 챙겨 도와준 오랜 친구이자 번역가인 권희선에게 특별히 감사의 말을 전한다.

2017년 3월
임상훈

옮긴이 **임상훈**

프랑스 렌느 대학교에서 언어학 학사 및 석사 학위를 받고 인문과학고등과정(DEA)을
마쳤다.《르몽드 디플로마티크》한국판 편집장을 지냈다. 현재 사단법인 〈인문결연구소〉
소장이다. 옮긴 책으로『철학과 함께한 50일』(공역),『철학자 사용법』등이 있으며,
『문명이 낳은 철학 철학이 바꾼 역사』를 함께 쓰고,『20세기 사상 지도』를 기획하고 책임
저술했다.

시민 쿠데타
우리가 뽑은 대표는 왜 늘 우리를 배신하는가?

1판 1쇄 인쇄 2017년 4월 10일
1판 1쇄 발행 2017년 4월 17일

지은이 엘리사 레위스, 로맹 슬리틴
옮긴이 임상훈
펴낸이 김영곤
펴낸곳 아르테

미디어사업본부 이사 신우섭
책임 편집 신원제 인문교양팀 장미희 전민지 디자인 박대성 교정 나익수
영업 권장규 오서영 프로모션 김한성 최성환 김주희 김선영 정지은

출판등록 2000년 5월 6일 제406-2003-061호
주소 (10881) 경기도 파주시 회동길 201(문발동)
대표전화 031-955-2100 팩스 031-955-2151 이메일 book21@book21.co.kr

ISBN 978-89-509-6965-3 03300
아르테는 (주)북이십일의 문학 브랜드입니다.

(주)북이십일 경계를 허무는 콘텐츠 리더

아르테 채널에서 도서 정보와 다양한 영상자료, 이벤트를 만나세요!
가수 요조, 김관 기자가 진행하는 팟캐스트 '북팟21 이게 뭐라고'
페이스북 facebook.com/21arte 블로그 arte.kro.kr
인스타그램 instagram.com/21_arte 홈페이지 arte.book21.com